JN026178

忘れられた米軍ハウス

小塩和人［著］

Forgotten US Dependent Housing

Kazuto Oshio

Sophia University Press
上智大学出版

目 次

序　章

　本書は、第二次世界大戦後の時代において忘れられている日米関係、なか[1]
でも生活環境という「私的領域」における「遭遇」を主題とする。これまで
戦後冷戦期における国際関係史研究は、政治外交・軍事経済という「公的領域」
に焦点を当て、かつ帝国・植民地主義的覇権国家の「強要」に注目したもの
が圧倒的に多かった。そして、日米関係に限って言えば、憲法改正・公職追
放・財閥解体・農地解放・教育改革・検閲などに焦点を当て、二元論、すな
わち、右派からの批判である「帝国主義による暴力的な押し付け」、あるいは、
左派からの批判である「不十分で未完の改革を悔やむ」、という極論に傾
いていた。[2]つまり、物心両面で世界に冠たる力を持った占領者としてのアメ
リカ合衆国（以下アメリカあるいは米国と略す）による一方的で絶対的な権
力を思想的に保守か革新かに偏って批判的に分析する研究が主流だった。[3]
　しかし、こうした偏向に対して本書は、アメリカ的生活様式を選択的に受
容した大正デモクラシー期に続いて、[4]戦後日本、特に占領期における新し
い文化流入を中心に据えることで、片務的でないアメリカとの相互連関の中
で起こった生活文化の多様な双方向的な遭遇がアジア太平洋地域（台湾や韓
国、1972年までアメリカ統治下にあった沖縄を含む）にどのような影響を与
え、日米のみならずアジア太平洋地域において新たな規範や制度、そして慣
習を生み出していったのかを考察する。その過程で片務的・固定的な権力構
造に替わる、あるいはそれを補う重層的・流動的な遭遇という視点を用いて、
近現代史を見直してみたい。
　このように本書では、占領＝支配・被支配という二元論的な分析の枠組み

から解放された規範形成とそのローカルな受容、拒絶、さらには交流・交渉・混交といった複雑な現象を時系列的な視点で分析する。このことは、歴史上の超大国が繰り返してきた「占領」そして「国家再生／創生」といった、グローバルな規模で同時進行する問題への対応を余儀なくされる現在においても実践的な意味を持つだろう。生活共同体の防衛に対して個人の自由追及がはらむ矛盾の問題など、日本でなされる議論の多くは、国境を越えた規範形成の動きを意識しながら、直接影響を受けたり、反発したりしながら展開している。「拝米」と「排米」感情の間を激しく揺れ動く世論は、その好例だろう[5]。しかし、本書が明らかにするように、グローバルな命題とそれに対応した規範形成の越境的連関は、必ずしも新しい現象ではない。そうした事象に影響を与えた20世紀という時代、そして日本における「戦後」という時代認識に特有の要因や、日米文化圏ごとの歴史的背景の違いを浮き彫りにすることで、新しい21世紀を考えるための対象事例を示してみたい。本書が取り上げるのは、第二次世界大戦後の焦土と化した日本本土・沖縄や東アジアをはじめ占領地ドイツなどに建設された将校軍人層用の「デペンデントハウス」（Dependents Housing、略してDHともいう）である【図表0‑1】。

　場所や時代、それぞれの立場によって「占領軍扶養家族住宅」「占領軍家族住宅」「外人住宅」「DH住宅」「米軍向け戸建て住宅」「アメリカ式住宅」などさまざまに呼ばれてきているが、歴史的に必ずしも明確な定義や使い分けはされておらず、占領期及び占領期以後の軍関係者用住宅（新たに建設された物件と借り上げ式の基地内外の住居）を総称して「米軍ハウス」と呼ぶのが一般化している。

　戦後日本に突然現れアメリカ的生活文化を象徴してきたこうした米軍ハウスは、主に平屋一戸建てだが、低層のタウンハウス形式（連戸建て）住宅や単身者向けの寮を含む集合住宅形式もある。現在も日本国内各地に高層化されたものを合わせて１万戸近く存在している。こうした建築物は日本の「思いやり予算」との絡みや、敷地返還を要望する自治体との軋轢などで、在日米軍問題の中でも多く話題にのぼる。土地ごと返還された住宅の一部には、

図表0-1　占領軍扶養家族住宅一覧（1950年10月1日現在）

局名	地区番号	地区名	新築DH	改修DH	Quonset Hut *その他	戸数総計	割合
札幌	104	札幌	194	22	0	216	
	124	函館	0	7	0	7	
	125	室蘭	0	9	0	9	2.1%
	126	小樽	0	2	0	2	
	403	千歳	0	0	43	43	
		小計	194	40	43	277	
仙台	101	仙台	175	62	0	237	
	102	多賀城	137	7	0	144	
	105	神町	92	0	0	92	
	110	八戸	110	0	0	110	
	111	新潟	0	14	0	14	
	112	松島	38	0	10	48	
	114	秋田	0	15	0	15	7.3%
	115	青森	11	8	0	19	
	117	福島	0	14	0	14	
	121	盛岡	0	25	0	25	
	123	山形	0	38	0	38	
	411	三沢	198	5	0	203	
		小計	761	188	10	959	
東京	103	太田	107	21	0	128	
	106	朝霞	165	33	0	198	
	108	前橋	15	0	0	15	
	109	宇都宮	10	8	0	18	
	113	長野	0	13	0	13	
	116	千葉	8	7	0	15	
	118	水戸	0	12	0	12	
	119	浦和	14	3	0	17	
	122	大宮	0	25	0	25	
	202	リンカーン・センター	50	0	0	50	
	203	ジェファーソン・ハイツ	70	0	0	70	
	204	ワシントン・ハイツ	827	0	0	827	
	208	羽田	2	0	0	2	
	211	グラント・ハイツ	1262	0	0	1262	41.4%
	212	陸大	0	0	25	25	
	216	パーシング・ハイツ	0	0	290	290	
	217	パレス・ハイツ	0	0	83	83	
	219	恵比寿	0	0	9	9	
	401	入間川	339	6	57	402	
	402	横田	405	0	44	449	
	407	立川	410	13	74	497	
	409	白井	31	0	10	41	
	412	木更津	0	8	0	8	
		府中	0	0	46	46	
		アパート	0	279	54	333	
		都内接収	0	602	0	602	
		小計	3715	1030	692	5437	
横浜	14	静岡	4	13	0	17	
	107	武山	99	57	0	156	
	203	武山	0	57	0	57	
	215	茅ヶ崎	16	5	0	21	
	205	座間	105	19	0	124	
	120	甲府	8	5	0	13	
	201	本牧I	386	0	0	386	
	206	山手	321	0	0	321	
	207	山下公園	55	0	0	55	18.7%
	209	本牧II	486	1	0	487	
	210	厚木	0	15	0	15	
	214	根岸	409	0	0	409	
	216	市内接収	0	106	0	106	
	601	横須賀	155	0	125	280	
	602	戸塚	0	0	2	2	
		小計	2059	263	127	2449	

局名	地区番号	地区名	新築DH	改修DH	Quonset Hut *その他	戸数総計	割合
名古屋	11	岐阜	151	17	0	168	
	15	富山	10	3	0	13	
	16	金沢	0	14	0	14	
	17	津	0	14	0	14	4.3%
	23	四日市	0	6	0	6	
	406	名古屋	250	101	0	351	
	412	小牧	4	0	0	4	
		小計	415	155	0	570	
京都	10	京都	108	145	0	253	
	6	大津	105	9	0	114	
	12	福井	12	0	0	12	3.0%
	25	舞鶴	20	0	0	20	
		小計	245	154	0	399	
大阪	4	神戸	225	122	0	347	
	5	浜寺	209	93	0	302	
	13	奈良	64	47	0	111	7.4%
	18	和歌山	6	5	0	11	
	410	伊丹	87	118	0	205	
		小計	591	385	0	976	
呉	301	江田島	112	0	0	112	
	302	広	235	0	0	235	
	303	岡山	0	30	0	30	
	304	徳島	7	7	0	14	
	305	岩国	129	0	0	129	
	306	防府	49	0	0	49	
	307	美保	42	0	0	42	
	308	高知	0	8	0	8	5.6%
	309	高松	15	25	0	40	
	310	松山	0	13	0	13	
	311	松江	0	18	0	18	
	312	山口	0	14	0	14	
	313	鳥取	9	5	0	14	
	316	福山	0	8	0	8	
	317	呉	0	3	0	3	
		小計	598	131	0	729	
福岡	1	佐世保	85	22	16	123	
	2	小倉	116	53	0	169	
	3	西戸崎	141	0	0	141	
	7	熊本	113	19	0	132	
	8	別府	100	28	0	128	
	19	宮崎	0	13	0	13	
	20	鹿児島	0	13	0	13	10.1%
	21	長崎	0	19	0	19	
	22	佐賀	0	13	0	13	
	24	福岡	0	85	0	85	
	404	芦屋	159	0	0	159	
	405	板付	302	10	0	312	
	408	鹿ノ谷	15	0	0	15	
		小計	1031	275	16	1322	
		総計	9609	2621	888	13118	
		割合	73.3%	20.0%	6.8%		

* Quonset hut（クォンセット・ハット）：軽量のプレハブ工法によるかまぼこ型の建物。第二次世界大戦以降アメリカ軍によって普及した。

立川基地跡地のように取り壊されず現在も居住に供されているものもあり、その日本離れした街区のイメージとも相まって不動産物件としては独特の人気を得ている。

「デペンデントハウス」は、戦後の日本人が初めて出会った概念で、日本における生活文化の近代化に不可欠な出発点となる[6]。「デペンデント」つまり扶養家族という用語は、アメリカ西部開拓時代から使われ始め、「デペンデントハウス」は開拓地や戦地、そして戦後の占領地にあってもアメリカ軍人は家族と共に生活するという「家族の絆」、すなわち生活の原点を実践する空間であり、価値観でもあった。そこには、近代的生活のすべてが集約されていた。例えば（「居間」という漢語よりカタカナで）リビングルームには調度品や家具が、（「食堂」「台所」という表現よりカタカナで）ダイニングやキッチンには数々の家庭用品が揃えられ、衛生的な設備も整っていた。特に電化製品（洗濯機、冷蔵庫、掃除機、空調機）は、戦後欠乏時代にあった占領期日本において庶民に衝撃を与え、その後の高度成長期に「白物家電」として大量生産されていくことになるのである[7]。

そもそも、わが国における家庭用電化製品は1890（明治23）年の白熱電球（炭素電球とも呼ばれた）や1894（明治27）年の電気扇風機にまで遡ることができる。扇風機は昭和に入ると性能も向上し、デザイン等種類も豊富になって、1937（昭和12）年には普及台数が70万台にまで達していたという。戦時中の1941（昭和16）年に政府から製造中止命令が下されると他の電化製品同様に暗黒時代を迎えるのだが、戦後1946（昭和21）年には占領軍納入用として再出発していく[8]。

家電製品と洋風家具があふれる戦後日本の住宅について論じた小泉和子は、第二次世界大戦後における家具近代化の特徴を、工業化・椅子座化・洋風化に分類し、その要因として産業構造の高度化・民主主義革命・農地改革と並んでアメリカ文化の浸透を挙げている。1988（昭和63）年における主要耐久消費財の普及率を見ると、電気洗濯機（99%）、テレビ（99%）、電気冷蔵庫（98.3%）、電気掃除機（98.2%）などはほぼ全世帯へと普及しており、

うち洗濯機・冷蔵庫・掃除機の大量生産はまさに本書が扱う占領期にその本格的出発点がある。一方で同じ時期に米軍ハウス用に製造されたにもかかわらずベッド（46.4%）、応接セット（36.6%）、書斎机（24.9%）、ユニット家具（13.5%）などはあまり普及していない点が興味深い。いずれにせよ、こうした戦後の生活文化近代化の歩みの原点が見られるのが、連合国軍による占領期、すなわち敗戦によってゼロから出発し、人間らしい生活を取り戻すまでに復興し、さらに戦前にはなかった新しい生活環境が整備されていくこの時代なのである[9]。

　時計の針を戻そう。敗戦後の1945（昭和20）年10月2日、連合国軍最高司令官総司令部（General Headquarters, the Supreme Commander for the Allied Powers：以下、GHQ/SCAP）が設置されると、1946（昭和21）年1月末には既に占領軍扶養家族住宅建設の要請が日本側に非公式に伝えられる。そして同年3月6日の「占領軍およびその家族住宅建設計画に関する件（Housing Program for Occupation Forces and Their Dependents）」（SCAPIN 第799号）[10]によって、文化的な環境を整えた約2万戸の住宅建設が敗戦国日本に正式に課せられるのである。SCAP Index Number を略し SCAPIN（スキャッピン）と呼ばれたこうした指令は、1945（昭和20）年から1952（昭和27）年の間に2,200件以上発令されている。第3章で詳しく論ずることになるが、戦後の絶対的な資材不足の中でこれほどの戸数を指定期間内に完成させることは極めて難しかった。しかも工期厳守を迫る占領軍のために建築資材不足を公定価格の2倍以上となる闇材料で補わざるを得ず、資材コストも増大した【図表0-2】。しかし当初目標の2万戸には達しなかったものの、最終的に仕様に則って主に9種類からなる13,000戸余の住宅を完成させたのであった[11]【図表0-3〜0-7】。

　日本占領はこのSCAPINのような指令を日本政府が日本の立法・行政制度に沿って施行するという「間接」統治方式で行われたということもあって、日本の戦後改革が成功だったのか、あるいは失敗に終わったのか、そしてアメリカ人あるいは日本人のどちらにその原因を帰すべきなのかなどについて

図表0-2　官給・闇材料比率（1945年11月現在）

工事別材料	官給材料	闇材料	闇価格 （公費比較）
土木建築材料	60%	40%	2.3 倍
電気工事材料	80%	20%	2.5 倍
衛生暖房工事材料	50%	50%	2.5 倍

図表0-3　扶養家族用住宅 9タイプ

種類		階数	面積（平方尺）	寝室数
A 型（中尉以下用）	A-1	平家建	936	2
	A-1a	二階建	950	
	A-2	平家建	1064	3
	A-2a	二階建	1134	
B 型（佐官用）	B-1	平家建	1170	2
	B-1a	二階建	1344	
	B-2	平家建	1296	3
	B-2a	二階建	1670	
C 型（多人数用）	C-1	平家建	1485	4

図表0-4　住宅 A-1・A-2・B-1型

HOUSE TYPE A-1, A-2, B-1　　　　　　　　　住 宅 A-1・A-2・B-1型

図表0-5　住宅 B-1・B-2型

図表0-6　住宅 C-1・A-1a・A-2型

図表0-7　住宅 B-1・B-2・B-1a・B-2a 型

は判断が難しく、今も議論が続く要因の一つである。SCAP には多い時で約
6,000名が勤務していたが、そのうちの3割程度は日本人スタッフであった。[12]
ここで重要なのは、SCAP が占領全体と同義語になっているように思われが
ちだが、占領における二大指揮系統の一つに過ぎない点である。こちらは
第2章で詳述することになるが、軍政部門が米太平洋陸軍（United States
Armed Forces in the Pacific, USAFPAC）の下に独自の行政機構を組織し、
占領当初は日本のほぼすべての都道府県にある44の軍政部門と数十の軍事駐
屯地を監督するなど、重要な役割を果たしていた。しかし USAFPAC は表
向き SCAP に従属していたため、研究者からあまり注目されてこなかった。
確かに米軍並びに英連邦軍が日本を占領したのではあるが、その過程で暴力
を不可視化し平和裏に民主化・非軍事化が進んだことを強調するならば、「軍」
よりも「民」を用いることになる。例えば「軍政部」は GHQ 民政局が日本
政府に対して指示する諸司令や勧告が、各地方で実際に機能あるいは活用さ

れているのかどうかを地方レベルで監視するために設置された機関である。しかし日本占領における各軍政部の実際の仕事はもっぱら民政に関わることであったため、「軍政部」という呼称は誤解を招くとして1949（昭和24）年7月1日「民事部」に改められている。とはいえ、本書が扱う米軍ハウスは文字通り軍人の扶養家族を対象とした住宅であり、軍隊と無関係ではなく、また接収や建設過程さらに各種労働におけるさまざまな暴力を不可視化することにはならない。私的領域に注目する本書だが、こうした公的領域についても論ずることを予め断っておきたい。[13]

さて、敗戦後こうして日本の各地に建設された米軍ハウス地区は、周囲の日本社会からは鉄条網によって隔てられ、「自己完結」した戸建住宅群として幼稚園・学校、礼拝堂（特定の宗教に偏らない場所として設計された）、劇場、ボウリング場、クラブ、酒保[14]、診療所、ガソリンスタンド、駐在所等を備え、道路・上下水道を含む極めてアメリカ的なインフラが短期間に整備されていく。住宅の建設と同時にすべての住戸に配置されるべく100万点近い家具や什器類の生産も命じられた。これらは一見すると占領軍による一方的な押し付けに見えるが、こうした生活環境の国産化を通してわが国の生活革命が始まるのである。この歴史的過程における占領軍と日本側の相克、米軍ハウスとその周囲の日本人市民との接触・交流・交渉などを本書では辿る。家という建造物だけではなく、その意匠計画を巡る占領者と日本人設計者たちとの遭遇、すなわち受容や拒絶についても考察したい。

本書が採用する分析枠組みは、統治上の境界線を越えた広範な地理的空間からアメリカの歴史を捉え直す近年の北米地域研究手法を引用しつつ、特に「住まう」という概念や「住まい」方という規範にまつわる価値観を共有する越境的な文化圏を基礎とする。[16] そして、特定生活文化圏の緩やかな紐帯によって結び付けられた日本という社会や組織が、異なる生活文化圏に遭遇した際の葛藤や創造的適応と、それがどのように政策や規範、思想や運動の変容に結び付いていったのかを、個別の研究事例を提示しながら明らかにしていくつもりである。

　戦争から時間が経つことによって戦中戦後を実際に体験した人々も少なくなりつつあり、この時期の経験に関する議論は「体験」から「記憶」を巡るものへと移行している[17]。本書において語られる「戦後」は、1960年代の「米軍ハウス」という残像に「遭遇」あるいは憧れた私という著者による一つの言説であり、そのもの自体が問題視されうる。したがって批判的に見れば、研究における一次資料と二次資料の区別はおろか、筆者自身の考察を含めて、あらゆる記述は歴史的「事実」というよりも、一つの「出来事」として片付けられてしまう。だからこそ本書のような記述は、極論すれば、実証性も革新性もない散逸な文章の羅列となる可能性が生まれる。学術書一般に採用されている学問的な意味での言説分析とは、そのような危険性を持った手法であることも念頭に置いた上で、本書の視座を確認しつつ、言説として近現代史を記述することの困難と可能性についても考えてみたい。

第 1 章

「公的領域」から「私的領域」の考察へ

　上智大学に外国語学部が設置された1958（昭和33）年は東京タワーが建ち、戦後日本の高度成長が軌道に乗った時期と重なる。この年に私は「ポスト団塊世代」の一人として生まれた。その頃出生地の北側に位置していたのが、米軍家族住宅地区「グラントハイツ」であり、そこに立ち並んだ「米軍ハウス」群だった【図表1-1】。このグラントハイツは、1947（昭和22）年から1973（昭和48）年まで存在した敷地面積約1.81平方キロメートル、建物数約730、入居家族1,284世帯、各種施設が整い、米軍家族のために多くの日本人もメイドやハウスボーイあるいは運転手として働いていた巨大な生活空間だった。今の東京都練馬区光が丘の全域及びその周辺地域である。1985（昭和60）年にアルバム『壊れた扉から』で「米軍キャンプ」を歌った尾崎豊は、グラントハイツから目と鼻の先にある練馬区立田柄第二小学校に通っていた。

　米軍がグラントハイツ返還方針を表明した頃、私は小学校4年生になっていた。いたずら坊主の集団のひとりで、有刺鉄線の向こう側にどこまでも広がっているアメリカ風の郊外住宅を憧れを持って眩しく眺めていたものである。土煙をあげてハイツ周辺の道路を走る大きなアメ車も子ども心にもとても印象的だった【図表1-2〜1-6】。その広大さゆえに「グランド＝grand（壮大な・雄大な）・ハイツ」と呼んだり、舗装された道路や青々と茂った庭の芝生のため「グラウンド＝ground（地面・運動場）・ハイツ」と形容されることも多かった。しかし、こうした呼称が間違いだと知ったのは随分時間が経ってからのことだ。本来は、南北戦争の英雄であり、第18代アメリカ大統領の任期（1869〜1877年）を終えて、夫人と世界旅行に出かけた際に来日して大歓迎を受けたユリシーズ・S・グラント（Ulysses S. Grant）

図表1-1　成増地区家族住宅配置図

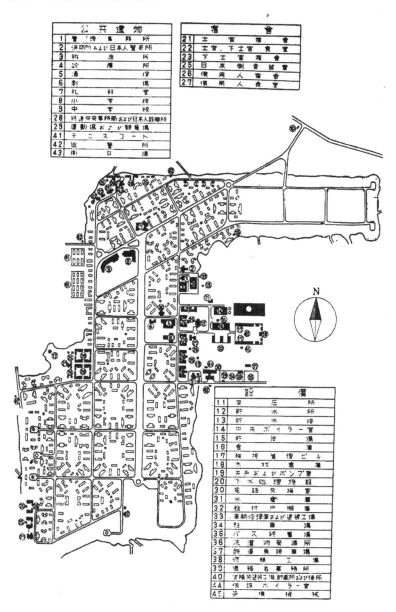

公共建物	
1	管理事務所
2	消防所および日本人賢者所
3	納用所
4	診療所
5	湯便
6	劇場
7	礼料堂
8	小学校
9	中学校
28	鉄道中央事務局および日本人諮問所
29	運動場および観覧場
41	テニスコート
42	逓信所
43	術井場

宿舎	
21	士官宿舎
22	士官、下士官食堂
23	下士官宿舎
25	日本側会議室
26	便用人宿舎
27	便用人食堂

設備	
11	変圧所
12	貯水所
13	貯水塔
14	中央ボイラー室
15	貯炭場
16	食堂
17	維持修理ビル
18	水状急湯
19	井戸およびポンプ室
20	下水処理施設
30	電話交換室
31	氷倉庫
32	錠付戸棚室
33	車輌修理節および建装工場
34	駐車場
35	バス終着場
36	洗濯物受渡所
37	鉄道乗降車場
38	焼類工場
39	連絡者事務所
40	建築関建装工場、貯蔵所および便所
44	使役ボイラー室
45	市場機械

図表1-2　グラントハイツ内風景1 1967年

図表1-3　グラントハイツ内風景2 1967年

図表1-4　グラントハイツ内風景3 1967年

図表1-5　グラントハイツ内清掃工場等 1973年

図表1-6　笹目通り（奥はグラントハイツ）1955年

【図表1-7】にちなんで名付けられた占領軍の扶養家族用住宅だった、と知る頃にはグラントハイツが全面返還されてから既に5年が経過していた。

　南北戦争の歴史を詳しく学んだのは1978（昭和53）年、大学入学直後に履修した井出義光教授による米国史概説の講義であった。井出先生は終戦直後に歴史教科書を墨で真っ黒に塗った経験から、歴史的事実は変わらなくてもその解釈は一夜にして変わりうる、と教えてくださった。歴史解釈の多様性と流動性は、本書も共有する問題意識である。

　そもそも私が「アメリカ」と出会う前に慣れ親しんでいたのは「ヨーロッパ」だった。生まれは東京だが育ちが西ドイツだったことも手伝い、日常生

図表1-7　グラント元人統領歓迎式

活の中にある異文化は、英仏独文学だったし、クラシックこそが傾聴すべき
音楽で、自分自身もバイオリンを習っていた。しかし、1970（昭和45）年に
遭遇したロックバンド・シカゴの4枚組ライブ・アルバム『シカゴ・アット・
カーネギーホール』を聴いた時、アコースティックな古典音楽とは対極にあ
る鋭い金管楽器のサウンドに満ちた音が私を突き抜け、私は雷に打たれたよ
うな衝撃を受けた。自分が住んでいる日本でもなく、かといってヨーロッパ
でもない、全く異質なものは、いつしか憧れの対象となっていった。そして
1976（昭和51）年、都立高校時代にアメリカン・フットボール部を創設して、
どっぷりアメリカ文化に浸った頃は、ちょうどアメリカにとって建国200年
の記念すべき年でもあった。独立記念日の7月4日には全世界で多彩な記念
行事が催され、アメリカ国民のみならず、こうしたプロパガンダに踊らされ
た私たち東京の高校生も含めて、日本人も彼の国の過去2世紀に及ぶ「力強
い発展の歴史」を振り返り、将来に向かっての「希望に満ちた行方」を羨ま
しく眺めていた。アメリカが歴史上初めて経験した「敗戦」からあまり時間
を経ていなかったにもかかわらず、である。そして日米関係はニクソンによ
るベトナム平和条約と訪ソ・訪中を経て、単に両国間の懸案を解決するだけ
でなく、世界の先進民主主義国家として、民主主義体制の維持・発展を目的
とした協調関係へと舵を切りつつあった。その原点が練馬区に忽然と姿を現
し、そして今や物理的にも、そして記憶の上でも消え去ったグラントハイツ
だったのである。[4]

図表1-8　成増飛行場の搭乗員と面会の女性 1943年

図表1-9　成増飛行場 1944年

図表1-10　戦闘機の残骸散らばる成増飛行場 1945年

第6章でも詳述するが戦前の1940（昭和15）年、この地は紀元二千六百年事業の一環として東京府による緑地計画の対象とされていた。しかし戦時下の1942（昭和17）年になると帝都防空を目的に日本陸軍が成増飛行場を建設する【図表1-8〜1-10】。そして1945（昭和20）年8月の太平洋戦争敗戦により、占領軍がこの成増飛行場を接収、8月24日には視察に訪れ、駐留を開始、10月30日米軍に移管された。一方、1946（昭和21）年には食糧難に苦しむ付近住民が、旧飛行場の東西滑走路の開墾を大蔵省に申し出て、麦などを植えていたという記録もある。

しかし米軍はその跡地を扶養家族住宅地として利用する計画を立て1947（昭和22）年3月3日グラントハイツと改称する。まず3月25日、その建設資材の運搬を目的とした軍用鉄道路線が

図表1-11　ケーシー線を走る蒸気機関車 1954年

図表1-12　ケーシー線の踏切 1955年

東武啓志線として全線開通し、占領軍の監督官ケーシー中尉に因んだ「啓志駅」ができる【図表1-11、1-12】。4月5日、住宅建設工事が始まるとせっかく近隣住民たちが植えた麦畑も収穫を前に道路などにされたそうである。米軍から要請を受けた東京都は「成増建設事務所」を設置、全国から大小建設会社80社が参加し、のべ280万人の労働者と70万袋のセメントが投入されたという大事業であった。6月には啓志駅もグラントハイツ駅へ改称。9月18日、アメリカ空軍省設立に伴い、アメリカ空軍の家族住宅となった。こうして翌1948（昭和23）年の6月、占領下日本最大の米軍ハウス地区が完成したのであった。

　1952（昭和27）年7月26日には「日本国とアメリカ合衆国との間の安全保障条約第3条に基く行政協定第2条」により、米軍施設名「グラントハイツ住宅地区」として、練馬区土支田町、高松町、田柄町、春日町、旭町の一部が、米軍無期限使用施設に指定される。1954（昭和29）年3月11日、一部建物は接収解除されるが、1955（昭和30）年3月29日、建物その他各種設備が、追加接収された。しかし4月8日には一部土地が接収解除されるなど、その後も追加接収・一部接収解除が繰り返された。1959（昭和34）年7月22日には、東武啓志線が役割を終えて廃線となり、その後1964（昭和39）年12月18日、須田操練馬区長が、東龍太郎東京都知事にグラントハイツ開放を要請する。1968（昭和43）年6月3日、第58回国会参議院本会議にて「練馬グランドハイツ汚水処理場（東京都練馬区）改善に関する請願」が、産業公害及び

交通対策特別委員会決定の通り、異議なしで採択された。1971（昭和46）年8月1日、外務省にて日米安全保障協議委員会が開かれ、1974（昭和49）年3月を期限として、全面返還を合意。1972（昭和47）年、敷地の半分を公園、半分を団地などの住宅地にする跡地の再開発計画が策定される。そして1973（昭和48）年9月30日ついに全面返還となり、光が丘として生まれ変わる計画が実施に向けて動き出し、その過程で成増飛行場やグラントハイツは忘れられていくことになった【図表1-13〜1-18】。

　こうして第二次世界大戦後、都の西北にあった巨大なアメリカ郊外住宅展示場のような場所が、今は都内最大の緑地帯・公園兼高層団地群に姿を変えている。しかしここを訪れる人はもちろん、この光が丘のほとんどの住民も、もはや戦前戦後の軍事施設・家族住宅の存在を知らないだろう。こうして忘れ去られた戦後日米関係を「発掘」しようというのが本書の狙いだ。こうした考現学によって明らかになるのは、板橋区から独立したばかりの練馬区に忽然と姿を現した米軍ハウスの文化的意味、と表現したら良いだろうか。ちょうど冷戦の時代に建設され、解体され、忘れ去られたグラントハイツは、まず戦後日本経済が高度成長を経験する基礎となった。つまり、新しい生活環境の象徴としての米軍ハウスが単に建築業者が近代的なノウハウを学ぶ契機となっただけではなく、住宅用に大量生産されることになった家具什器類が、その後の神武景気や岩戸景気の原動力となったのである。

　また、家庭内の家事労働を減らす、生活に密着した家電製品の登場は、公団住宅の間取り（建築家の間では平面構成ともいう）に見られるような、公私空間を分けるDK（ダイニング・キッチン）、LDK（リビング・ダイニング・キッチン）に加えて個別の寝室といった、新しい家族形態を鏡に写したような「私的」空間の誕生を垣間見ることにつながる。それは戦前の公私が一緒くたになった、多目的畳部屋からの脱却も意味していたからである[5]【図表1-19】[6]。

　さらに、アメリカの生活環境が短期間に大量に戦後日本社会へと流れ込んだ時代、米軍ハウスの住民とそこで働く日本人との遭遇に着目することによ

図表1-13　グラントハイツ内風景（取り壊し）

図表1-14　グラントハイツ内風景（取り壊し）

図表1-15　グラントハイツ内風景（取り壊し）

図表1-16　グラントハイツ内風景（取り壊し）

図表1-17　グラントハイツ内風景（取り壊し）

図表1-18　グラントハイツ内風景（取り壊し）

（写真は全て1967年）

り、単なる占領者と被占領者という権力関係を越えて、生活文化の接触・受容・拒絶などの複雑な様相を呈したことも明らかにできる。要するに、これまでの占領日本を見る眼差しが、政治・経済・軍事的な諸改革といった「公的」領域に注目が集中していたのと比べて、本書の視座は異なっている。本書が私的領域とも言うべき日米生活環境の「遭遇」にも焦点を当てるのは、これ

までの研究では焦点が当てられることのなかった庶民の生活という大切な視点を20世紀という歴史物語に取り戻すための第一歩なのだ。それは、団塊世代の背中を見て走ってきたポスト・ベビーブーマーとしての自分の来し方を、冷戦という大きな世界史の潮流の中に置いて、生活環境史の目線から見直そうとする試みでもある。こうした理由から、戦後世界と日米関係を考察するための理論的枠組みとして、いわゆる公的領域から私的領域研究へと拡大していく必要性が不可欠なのである。

　この私的領域は、世界に広がる米軍人とその家族が日常生活を営む空間だった。第二次世界大戦後のアメリカは世界各地に基地を維持することになり[7]、米国政府はこれらの基地に勤務する軍人（その大半が男性だったわけだが）に家族の帯同を許可した。もちろんそれ以前から、特に20世紀初頭からは、アメリカの海外領土に軍人の家族が住むこともあったが[8]、第二次大戦後に何十万人もの配偶者や子どもたちが海外基地に赴いたのに比べれば、その数は限られていた。ところが1960（昭和35）年には、60万人以上もの軍人と46万人もの軍属が海外に住むようになっていたのである[9]。

　そこで問われるべき課題は、第二次世界大戦終了後の20年間、いわゆる冷戦前半期に海外に駐留する軍人とその家族が、軍事や外交にどのように関係したのかということである。冷戦初期、占領下のドイツ及び日本とアメリカ、

あるいはアメリカ軍基地を擁する国とアメリカの関係において、海外駐留軍家族は重要な役割を果たすようになっていく。1930年代、米国民と米国政府は、国際紛争に軍事的・政治的に関与することを避ける傾向があった。しかし、第二次世界大戦への参戦を機に、孤立主義から国際主義へ転換する。将来の紛争を回避し、自国の政治的・経済的利益を守るためには国際問題に積極的に関与し、自らの慈悲深さと他国と協調する意志を示すことによって、強力な国際同盟を築くことが重要だと考えるようになったのである。

こうした新しい動きは、例えば、米軍の準機関紙『星条旗新聞』（1945年9月21日付）に掲載された戦後日本占領の「良い」「民主化」を表象する漫画の一つにも現れている。そこには新生日本の子どもに民主主義と題した包装紙に入ったチョコレートを手渡すアメリカ兵が描かれ「これは美味しいだけではなくて、とても良いものです」と解説している[10]【図表1-20】。

このように軍関係者とその家族は、アメリカの善意を体現することで占領下のドイツと日本を民主的な方向へ改革し、冷戦時代の軍事的目標を支援するという「非公式大使」[11]としての理想に近づこうとした。世界中に拡散する共産主義に対抗するためには、基地、兵力、武器といった軍事力に頼るだけでなく、米軍基地が置かれた国や地域への理解を表明し、アメリカの友好的態度、寛容さを誇示することが必要であった。軍人は

図表1-20　チョコレートと民主主義

公的な立場からアメリカの軍事力を代表していたが、他方で夫や父親として
の軍人やその妻や子どもたちは、海外におけるアメリカの「善意」の代表と
して、駐留地の住民に対して民間外交の役割を担っていた。

　以上のような捉え方は、伝統的な意味での外交・軍事史というよりも、む
しろ社会・文化史の一側面と表現することができよう[12]。これまで、政治外
交や軍事を扱う研究書の多くは、主に国家元首や外交官による狭い公的領域
（公共圏）での活動を外交活動として捉え、伝統的な軍事史は偉大な男性指
導者や男性兵士たちの武器や戦いの物語として描かれてきた。こうした語り
が大前提としていたのは、冷戦時代の外交と軍隊の歴史が、エリート指導者
による交渉を行う男性という歴史的主体の行動からなり、冷戦時代の権力は
主に軍事的能力と強靱さを示すことから得られたという大前提であった。こ
れに対して「非公式大使」という概念は、こうした見方を問い直そうという
試みである。つまり本研究では、従来の研究手法とは異なり、一般の男性、
女性、子どもをも外交の重要な行為主体（アクター）として含むことにした
い。冷戦は、軍事的な戦いであると同時に、激しい思想・信条的な戦いでも
あったからである[13]。

　夫や父親としての軍人とその妻や子どもで構成される「理想の家族」とい
う美化されたモデルは、アメリカ人が考える最良の生き方として提示され、
地球を東西に分断したイデオロギー戦争の勝利に貢献することが期待された
のである。彼らの装い、家庭のなごやかさや家族団欒という人間関係は、ア
メリカの政治・経済制度から生まれると信じられている自由と繁栄を象徴す
るものであった。もちろん、ここでは米軍の存在に対する被占領国とその住
民、例えば米軍によって土地を接収された地主や敗戦後解放された農地を突
如として取り上げられた耕作者の反応も考慮されなければならない[14]。

　さて、占領軍が第二次世界大戦後に多くの海外基地を置いた目的は、被占
領国の治安維持や戦禍からの復興支援のためであった。しかし、戦争終結後
の軍人の速やかな帰還を求める声は日増しに大きくなっていった[15]。こうし
た軍人とその家族の要望に応えるため、マッカーサーは、1945（昭和20）年

９月17日、在日兵力をいずれ２万人以下まで減らす用意があることを表明した。しかし、一方で米国政府と軍の上層部は、国際主義を標榜するようになったアメリカの責務として、軍隊をいつまでも海外で継続的に維持する必要があると考えていた。そこで軍は、家族と共に駐留させることによって、軍事的課題と家庭安定の問題を一挙に解決しようと考えた[16]。

　この時、占領軍による犯罪、ドイツや日本の女性との親密な交際とそれに伴う性病、さらには全般的な士気の低下が軍事行動や占領目標に悪影響を及ぼす可能性も懸念されていた[17]。事実、占領開始後の日本における、アメリカ人と日本女性との交流についての報道が見られる。例えば『星条旗新聞』は、「芸者ハウスにいるはずの着物に身を包んだ若い女性たちはどこへ消えたのだろう」と論ずる一方で、創立59年を迎える日本婦人矯風会（Woman's Christian Temperance Union, Japan）が40年にわたって続けている「芸者ハウス撲滅運動」も紹介している。一見すると不可解な内容の記事は何を意味しているのだろうか。その答えを導き出すにあたって日本に対するステレオタイプ「富士山、芸者」に思いを馳せる必要があろう。つまり占領軍の若い兵士たちが日本に行くと美しい着物に身を包んだ若い女性が待っているという幻想があり、一方で彼らの道徳的堕落を懸念するが故に都市浄化運動の一環として売春を撲滅しようとする理念があったという構図である。さらに日本政府が自国の女性にアメリカ兵との交際を禁じていたのに対して、GHQ はアメリカ兵と彼女たちの交際を禁じていない旨の報道もされている。確かに占領当初は交際禁止令が出されてはいなかった。しかし、性病の発生率が驚くほど高くなったため、1946（昭和21）年には交際禁止策が始まり、以降1949（昭和24）年まで続いた[18]。

　一方、本国で父親、夫、婚約者の帰りを待っている女性や子どもたちの心配事は、現地女性との交際もさることながら、彼らの不在による精神的不安や経済的な苦労であった。そこで1945（昭和20）年秋には扶養家族渡航計画が立案され始め、まずは1946（昭和21）年４月にドイツ、６月には日本への配偶者と子どもたちの輸送、住居の準備、生活維持のための動きが加速して

いく。こうして駐留軍人に家族が合流し、そのほとんどが2年から3年の任期で海外に滞在することとなった[19]。

　それでは、「非公式な大使」として軍人の家族と、駐留軍家族のために働くメイドやハウスボーイなど被占領国の住民との関係は、どのように概念化されていたのだろうか。軍部は、広告の文言や軍幹部の発言を通じて、軍人やその家族が被占領民に好意を示し、日本への関心を表すことによって、その軍事的目標達成のサポートをすることを奨励した[20]。非公式な形で培われる友好関係によって、米国と被占領国及びその国民との関係を強化することができると軍当局は考えていたのである。冷戦時代の外交には、力ずくの軍事的アプローチだけでなく、ソフトな思いやりや親しみが必要であり、それを軍人の家族が体現するべきだという考え方が生まれつつあったのである。ハードパワーとソフトパワーを組み合わせたスマートパワーという表現が言い得て妙だろう[21]。

　一方妻たちは、「非公式な大使」としての自分たちをどのように受け止めていたのだろうか。多くの場合、軍隊から要請された文化的役割としての責任を引き受けただけでなく、それを積極的に展開していったと考えられる。彼女たちは、そのほとんどが将校の妻であり、被占領国の子どもたちのための学校や地域での慈善活動、歴史的・文化的名所への視察、国際女性クラブ活動など、さまざまな場で被占領地の人々と交流し、より親密な関係を築くことを自らに課したのである。しかし、彼女たちが構築しようとした関係は、大きな矛盾を含んでいた。非アメリカ的文化や習慣を尊重し、慈善的であることを示すことが求められる一方で、アメリカ的生活様式が優れていることを被占領国の住民に伝えることによって、共産主義に対抗するというアメリカの冷戦目標を推進しなければならなかったのである[22]。

　改めて強調するまでもなく、アメリカ軍による占領の目的は、非軍事化、民主化、そして経済再建であった。そのために1944（昭和19）年から1955（昭和30）年までドイツを、1945（昭和20）年から1952（昭和27）年まで日本を占領した。そして日本本土とは異なり、沖縄には占領が終わった後も依然大

きな軍事施設が維持された。ここでも「良い占領[23]」という語り方には注意が必要なのだが、西ドイツが米軍駐留の利点を受け入れた一方で、沖縄の基地について日本国民の多くは外国軍駐留を利点とは考えなかった。だがアメリカは世界的な共産主義の広がりとの戦いにおいて、沖縄を戦略的に重要な最前線と捉えていた。そこで占領軍とその妻たちは、沖縄の人々に対して寛容さと理解、そして親しみを示し、軍隊の存在が沖縄の社会に与える悪影響の軽減に努めようとした。しかし実際には、彼女たちは自分たちを沖縄県民の母親的存在と位置づけることで、沖縄県民が後ろ向きで子どものような文明度しか持たず、アメリカからの指導と保護を必要としているという文化的、人種的な固定観念を結果的に強化してしまった。こうして、沖縄県民が日本復帰を望んでいるにもかかわらず、彼女たちは沖縄における軍事的支配を強化することになったのである[24]。

　一方、「アメリカの国際性・友好性を象徴する代表としての子ども」、という価値観は、どのように分析すればよいのだろうか[25]。占領軍と共に渡航した子どもは、その若さゆえに言語を素早く覚え、積極的に友人をたくさんつくり、異国の文化にどんどん適応する「ジュニア大使」として描かれている。子どもたちは、家庭や近隣、学校やユースクラブなどで、被占領国の住民に出会い、交流した。しかし母親たちと同様に、子どもたちもイデオロギー的な二重の拘束を受けていた[26]。アメリカ人以外の生活様式を理解することと同時にアメリカの理想と優越性を宣伝することも求められていたからである。さらに、アメリカ人の子どもと被占領国の子どもたちの間に温かい関係が築かれたとしても、子どもたちはもちろん、常に大人たちのように理想的に振る舞えたわけではなく、子どもたちは「非公式な大使」という役割を脱ぎ捨てる行動にでることもままあった。練馬のど真ん中に突如として出現した米軍ハウス地区の子どもたちについては、練馬区史に「子供の悪戯は今でも万国共通である。金網をぬけ出しては、付近の民家の柿の実や、草花を取って喜んでいる姿は、日本人の子供と少しもかわらなかった。家族ぐるみのつき合いをしている家も少なくなかった。誕生日の祝いとか、クリスマスとか

に、招んだり、招ばれたりしていた」との記録がある[27]。

　他方、占領された日本の出版界においても同様の眼差しが認められよう。1946（昭和21）年11月30日豊島区雑司ヶ谷の秀進堂書店（代表は中島弥三郎）から『シヨカナ』と表紙に書かれた児童書が出された。もちろん、これは戦前風の読み方で、『ナカヨシ』と言うことになる。発行者の佐藤文雄は「お母様へ」と題して、裏表紙のメッセージで以下のように語る。

　　　これからの日本は民主主義国家として新しく出発します。その為にアメリカの皆様の正しい指導を受けなければなりません。小さな小供さん達にもアメリカの皆様となかよくしなければならない事を知ってもらうために進駐軍の兵隊さんと日本の子供の仲の良い絵本を企画したのです。この絵本が正しい日米親善の一助になれば此の上もなく幸な事と思ひます。

　本書を開くと、全6頁にわたって、日本の子どもたちと進駐軍との交流が描かれている。例えば交通法規を教わっている様子を表した頁には「ヤサシイ　オンナノ　オマハリサン　キビキビ　シテキル　MPサン」とある。電車ごっこをしているところに通りかかった米軍兵士とは「『コレ　ドコユキニューヨク　イキマセンカ』ボクガ『ノー』ト　イッタラ『ソレデハ　ヒカウキデ　ニューヨークへ　イキマセウ　ワタシ　ウンテン　シマス』」と会話しているという具合に、カタコトの日本語を話す兵隊と簡単だが英語で答える日本の子どもたちの様子である。そして最後はGIが運転するバスやジープの脇を走る元気な子どもと犬の様子に添えて「ボクモ　イツカ　ジープニノッテ　ハシッテ　ミタイ」と結ばれている。本書が読者にどのような影響を及ぼしたのか、今となっては包括的に知ることは難しいが、占領地日本においても子どもが冷戦期の「非公式大使」として重要な役割を担うと認識されていたことは窺い知ることができよう。

　子どもの視線から見えた占領軍については『占領期生活世相誌資料』にも

東京と神奈川の国民学校に通う17人の児童たちが見た「アメリカ兵」についての印象記が列挙されている。また、連合国軍進駐開始から２ヶ月が経過した頃、その後の教育に資することを目的として各地で作文課題も出された。『国民教育』第５巻第３号（1945年）に掲載されている神奈川県国民学校６年生31名の児童による４項目に分けて占領軍像を調査した結果を参照してみよう。「23の学校に依頼し、児童の作文を加筆訂正せずに出来るだけ、なまのまゝで、掲載した」とあり、それによると、子どもたちが高く評価している点は、科学的水準の高さ、道義的・物量的優位性で、奇異に感じている点は、生活様式の違いとだらしなく見える態度である。そして日本人自身に対する反感と他国に追いつきたいと願う感情である。これらを踏まえて「進駐軍をみると、或る点大いに助成し又学び、平和日本の建設に資すべきものであるし又、或る点に於いては、矯正し、正しい方向へ、頭を切りかへさすべき点も多々あるやうである」と分析している。そして「児童を、あづかり、これからの日本を築き上ぐべき教師としては、彼らの率直なる心の傾きをよく捉へ、これを善導してゆくべく努めねばならぬと痛感する」とする。このように残された記録から、子どもの視点で占領史を再構築することも可能だろう【図表１-21】。

　言うまでもなく、占領期における日米文化接触を分析するにあたり、留意しなければならないのは、情報の送り手だけに注目するのではなく、その受け手の選択的受容や拒絶も視野にいれる必要性であろう。例えば、チック・ヤングによるアメリカの日常生活を描いた『ブロンディ』という漫画を取り上げてみよう。『ブロンディ』は敗戦直後の1946（昭和21）年６月から『週刊朝日』で連載が始まり、1949（昭和24）年１月１日から1951（昭和26）年４月15日までは『朝日新聞』にも掲載されたアメリカ漫画である。アメリカの会社員ダグウッドと美人妻ブロンディと子どもたちの日常を描いたこの漫画は電化製品に囲まれ軽やかに暮らすアメリカ生活を垣間見られる媒体として戦後の日本で憧れをもって受け止められ、人気を博す。新聞連載が幕を閉じたあとも、引き続き『週刊朝日』では1956（昭和31）年まで長きにわたっ

図表1-21　国民学校児童による占領アメリカ兵の印象

優れている	自動車が軽快
	科学が進んでいる
	何かくれて優しい
	電車の窓からおろしてくれて親切
	年寄りに親切
	火災の際荷物を出してくれ親切
	朗らか
	音楽が好き
	物がある
心にピッタリこない	やたらに写真を撮る
	歩きながら食べる
	上官に敬礼しない
	帽子をあみだに被る
	帽子の恰好がおかしい
	刈り上げをしている
	丈が高く目が青く気味が悪い
	ピストルを持っていて恐い
	日本の着物を欲しがる
	酒が大好き
	番兵の態度がだらしない
自国を反省している	何かを貰おうとする人が多く情けない
	タバコを売買する人が多く情けない
その他	だらしない米兵に負けて残念
	米兵が勝ったのが不思議
	ジープに乗ってみたい
	ジープの様なものを発明したい
	原子爆弾に負けないものを発明したい
	負けずに科学を勉強したい
	日の丸の飛行機を飛ばしたい
	米人と仲良くしたい
	世界平和を建設したい

て連載されている。[30]

　社会学者の岩本茂樹は『ブロンディ』が描いたアメリカ像と、それを読ん
だ日本の人々が解釈したアメリカ像の相違を分析し、「受容する側に視点を
置いて述べれば、支配者の表象する生活文化が受容されるには、被支配者の

人々を引き付け、主体的に受け入れようとする意志が醸成される必要があるということである。言い換えるならば、民衆の同意というヘゲモニーを獲得しないかぎり、国境を越えた異文化受容はないということである」と述べている[31]。

　かくして本書において描かれる米軍ハウスをめぐる物語は、建設に携わった数多くの人々の語りと共に、これを生きた、見た、記録した、記憶した人々の認識の数だけ本来は存在することになるのだ。

第2章

戦後日本占領史と記憶

　本章では、占領軍による戦後日本の「間接」統治体制を簡単に概観した上で、こうした占領行為が歴史的にどのように「記憶」されたかについても簡単に触れておきたい。そうすることによって、次章以降で論ずる、占領軍家族と被占領民たちとの遭遇がみられた生活環境の形成過程を理解する一助としたい。

　1945（昭和20）年8月9日のソ連対日参戦と長崎への第2回目の原爆投下を受け、日本政府は、翌8月10日に中立国のスイス及びスウェーデン経由で連合国に対し条件付きでのポツダム宣言の受諾意思を報知した。同年7月26日に行われた同宣言には、軍国主義の除去、連合国による占領、日本国の主権の範囲、武装解除及び復員、戦争犯罪人の処罰、平和産業の維持、そして以上の諸目的が達成された時には、占領軍はただちに日本国から撤収することが明記された。日本側の条件に対する連合国の回答及び昭和天皇の大詔渙発などを経て、8月14日には詔勅によりポツダム宣言の正式受諾を通告した。翌8月15日正午、昭和天皇はラジオでいわゆる玉音放送と呼ばれる「ポツダム宣言受諾に関する大詔」（終戦詔勅）を録音放送し、5年にわたる太平洋戦争が終結した。[1]

　8月16日には日本国軍隊は軍事行動を停止し、連合国軍最高司令官と打ち合わせができる権限を持った使者を派遣すること、さらにダグラス・マッカーサー元帥が連合国軍最高司令官に任命されたことなどが米国政府から通告された。そこで8月19日、木更津海軍航空基地からマニラに向けて、全権委員の陸軍中将河辺虎四郎らが飛び立った。[2]彼らが受け入れ体制に関わる命令をはじめ、アメリカ戦艦ミズーリ号上で調印することになる降伏文書などを

携えて8月21日に帰国、これにより敗戦国日本は、本土進駐についての連合国側の要求に従い、受け入れ準備を開始した。当初示されたのは8月23日に神奈川県厚木への先遣部隊の進駐であったが、当地には海軍特攻隊の一部が残存するなど準備不足が予想されたため、日本政府は3日間の延期を要請し、8月26日進駐開始することで合意した。しかし8月22日からの暴風雨で厚木飛行場は地上滑走困難な状況となり、さらに2日延期されることになった。計画の遅れの原因を米軍『星条旗新聞』も、天候と日本政府による交渉のためと分析している。

　こうして8月28日に連合国軍占領部隊の第一弾としてチャールズ・テンチ大佐率いる45機のC-47輸送機からなる先遣部隊が神奈川県の厚木飛行場に到着、同基地を占領した。それ以降の本隊などの進駐日程も、それぞれ48時間ずつ延期されつつ続いた。8月30日、GHQの総司令官として連合国軍の日本占領の指揮に当たるアメリカ陸軍のダグラス・マッカーサーも厚木飛行場に到着した。翌31日は、アメリカ海兵隊が館山の旧大日本帝国海軍基地と飛行場を占拠。続いて中国軍やイギリス軍、ソ連軍、オーストラリア軍、カナダ軍、フランス軍、オランダ軍、ニュージーランド軍、英領インド軍、フィリピン軍などの日本占領部隊も到着した。なお、日本に進駐した連合国軍の中で最大の陣容は、約75パーセントの人員を占めるアメリカ軍で、その次に約4分の1の人員を占めたのがイギリス軍やオーストラリア軍、ニュージーランド軍、英領インド軍からなる英連邦軍であった。オランダ軍や中国軍、カナダ軍やフランス軍、そして終戦土壇場になり日本へ侵略したソ連軍は、国力の問題や英米の反対により部隊を置かず、東京など日本国内数か所に駐在武官のみを送るに止めた。

　1945（昭和20）年9月2日に、日本政府代表は東京湾の横須賀沖に浮かぶ戦艦ミズーリの艦上で、アメリカ、中国、イギリス、ソ連、オーストラリア、カナダ、フランス、オランダ、ニュージーランドなどの連合国との降伏文書に正式に調印し、日本はGHQ/SCAPの占領下に入る。総司令官はマッカーサーであったが、その政治顧問として、国務省からはジョージ・アチソ

ンが、またイギリスやオーストラリア、中国からもそれぞれの顧問団が派遣された[8]。続く5日にはアメリカ第8軍が東京へ入った[9]。

　このようにして始まった米軍を主体とする連合国軍の日本占領は、当初太平洋米陸軍USAFPAC中の、第8軍と第6軍（いずれも陸軍）、駐日海軍（Naval Forces Japan, NAVJAP）、及び米陸軍太平洋空軍（Pacific Air Command, United States Army, PACUSA）によるものであった[10]。第8軍（司令官アイケルバーガー中将）は、第9軍団（札幌）、第14軍団（仙台）、第11軍団（日吉）そして「アスコムUS Army Service Command 軍団」（横浜）から構成された。一方、第6軍（司令官クルーガー大将）は大阪上陸を予定していたが瀬戸内海の機雷撤去が間に合わず和歌山に上陸して京都に司令部を置き、第5海兵軍団（佐世保）、第1軍団（大阪）、第10軍団（呉）より構成された。それぞれ、次の表に示されているような師団が置かれた【図表2-1】。

図表2-1　進駐当初における占領軍の構成と配備

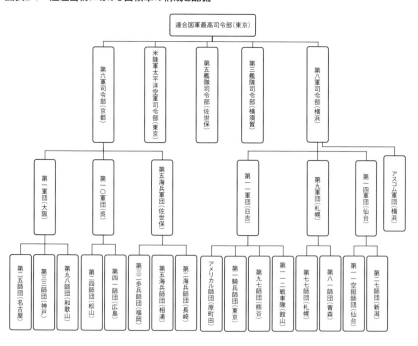

　その後、第6軍司令部は1945（昭和20）年12月31日解消、同軍所属部隊は翌年1月1日から第8軍の指揮下に引き継がれた。しかしそのうち第5海兵軍団と第10軍団は帰国したので、実際引き継がれたのは第1軍団だけであった。一方第8軍においても第9軍団だけが残留し、その司令部は仙台に移された。その結果、新編成による第8軍の下、第1軍団は九州、近畿、中部地方、第9軍団は北海道、東北、関東地方を占領することになった【図表2-2】。[11]

　これらの米軍に加え、1946（昭和21）年1月20日にオーストラリアからマクゴワン工兵大佐率いる先遣隊が呉に到着、同月31日以降、英連邦軍も、中国地方5県、四国4県の占領に参加した。ただし1948（昭和23）年2月以降は占領兵力を縮小して広島県と山口県のみを担当、他県はアメリカ第8軍の管轄に移された【図表2-3】。これらの占領軍の総兵力は公表されていなかったが、当初日本側は50万と予想していた。しかし、1946（昭和21）年1月に米陸軍長官パターソンが「近く日本占領米軍の兵力は30万以下になるだろう」と言明していたことから判断して、英連邦軍を加えても、40万前後だったのではないかと推測されている。[12]

　一方、終戦から1946（昭和21）年にかけて日本の戦時経済は崩壊し、社会は混乱に陥っていた。[13] 社会不安は、衣食住の欠乏による労働意欲の減退を生み、戦時補償の打ち切りも手伝って、国内生産はほとんど停止した結果、戦前水準の約2割に低迷していた。加えて、インフレーションがさまざまな要因によって引き起こされた。終戦後の臨時軍事費残額の大量支出、旧軍需会社の解雇手当支払い、戦時統制の崩壊に伴う潜在的な購買力の急増、軍需産業の平和産業への転換を支援する銀行貸出の増加などである。[14] こうした中で住宅事情も占領する側とされる側の両方にとって喫緊の課題であった。1945（昭和20）年に入り、激化した空襲により都市部の家屋の多くが焼失していたところに大陸からの引き揚げ者や強制帰国を命じられた日系移民らが帰国したこと、さらにはその後ベビーブームが到来したために住居不足に陥ったからである。終戦から3年を経た1948（昭和23）年になっても、約370万世帯が住居のない状態が続いていた。[15]

図表2-2　米第八軍軍政部系統（1946年2月20日現在）

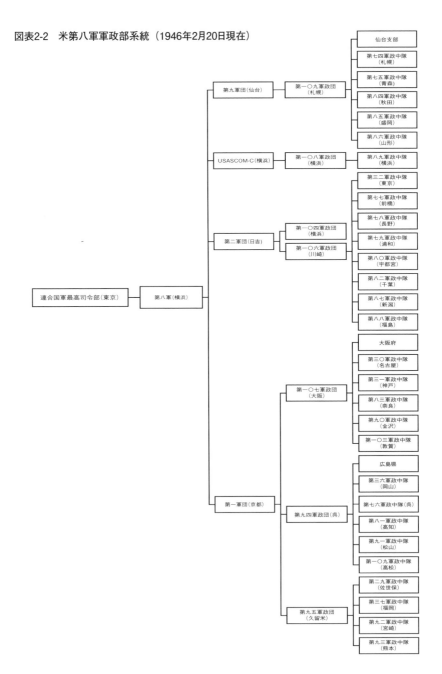

図表2-3　連合国軍配備（1947年11月現在）

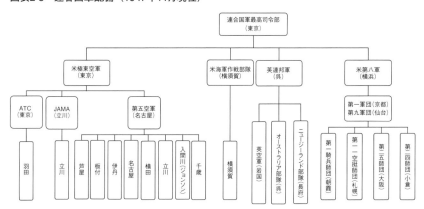

　こうした住宅問題を解消すべく、現在の新宿区戸山2丁目の109,520平方メートルに戸山ハイツと称して越冬応急住宅1,052戸が建設されることになった。そもそも当地は、明治期に陸軍学校群が建てられ、第二次世界大戦中には都市計画公園が計画されていた246,922平方メートルの広大な国有地であった。陸軍戸山学校や幼年学校のあった軍用地は、戦時中にほとんどが焼失したところに、動物園と運動場が計画されていた。しかし、戦後の住宅難を受けて新たな計画が持ち上がり、占領軍から払い下げられた部材を使った木造住宅を中心にして、その周囲に各種公共施設が整備されることになった。住宅難の中で入居希望は多く、その申込みの抽選倍率は35倍にのぼった。これは戦後の都内における公的集合住宅の先駆けであり、現在も戸山ハイツとして東京都が管理運営しているが、今では他の高層住宅群と同様に高齢化と単身世帯化が進み、建物の老朽化も指摘されている。

　商工省工藝指導所が編集した『工藝ニュース』に「東京の中心新宿区に突如として約1,000戸の住宅集団が出来上がった」と記事を寄せたのは、のちに建設省建築局技官となる金井静二である。終戦直後から流入する占領軍兵士の米軍ハウスがワシントンハイツ、ジェファーソンハイツ（永田町）などと称して次々都心に建てられてはいたが、全く新しいタイプの大規模日本

人専用住宅地区は、これが初めてであった。玄関・台所・押し入れを擁し、床全般が板張り（畳敷なし）、水道ガスが敷設され、水洗便所が備え付けられている。2.5メートル×6メートルを基本単位として、長辺にそって並べられる合理的な設計であった。996戸の二戸建てと56戸の一戸建てを中心に、幼稚園、小学校、託児所、授産所、診療所、公民館、共同宿舎、警察消防派出所、郵便局、浴場、総合配給所、児童公園、礼拝堂（特定の宗教に偏らない場所として設計された）、映画館、デパートなどが整備され、家賃は1,080円、1,030円、750円、700円の4種類であった。[19]

　こうして当時としては理想的な住宅と住宅地区が出現したのだが、都市計画や建築設計者の立場からすると、問題がないわけではなかった。金井は「この実例を持って新しい住生活の方向としたり近隣住区のモデルとして世に紹介する勇気を持ちかねる」とも述べている。第一の理由として「現在の国家や自治体の予算や法規の力では数万坪の敷地に計画的な住宅地は作り得ない」と、今後このような住宅群を建設するだけの広大な空間が存在しない点が挙げられた。そもそもこの地に住宅区を計画する過程において、はじめは他の軍用地が選ばれていたが、その候補地は戦後食糧不足に対応するための耕作地として利用される予定で「農地法で宅地に転用できないので……最後に行きついた場所が耕作されていない、この動物園と運動場の予定地であった」という。したがって「敷地についても建設戸数に必要な面積がここにあったわけではなく、この土地に与えられた戸数を押し込んだ」に過ぎないことを告白している。さらに「この事だけで国の住生活指導が座式生活から立式へ指向している一表現と見るのも早計である」と総板張りにした住環境も問題視した。そして必ずしも占領軍住宅をモデルとするのではなく、日本人が主体性を持って旧態依然たる生活スタイルからの脱却を目指せるのか否かは、住む人の「自由」だと指摘した上で、「洋式家具を入手するか、上敷きをひいて固い床に座るか、農家の居間を思い出して座布団の使用を再確認するか……住む人が何とか工夫するであろうと想定しているその結果の大部分はおそらく国籍不明の生活様式となるであろう」と予言し、「社会の現

状とも生活指導層の構想とも合わない中途半端な姿が想像」される、と酷評している[20]。

このような洋式か和式かという問いは、松田一雄と豊口克平も『工藝ニュース』に寄せた「戸山ハイツを訪ねて」と題した論考で提示している。「構造から云って純和式生活は望むべくもない。洋式簡易生活に適したものとすればどうすればよいか？ 畳の生活になじんで来た日本人の多くは未だに座式生活の慣習を捨てきれない。ましてや老人、婦女子を含む家族には椅子、ベッドの生活は苦痛とさえ思われるであろう」と。さらに「調度はどうすればよいか？ 居住者の大多数は戦災者、引揚者、新世帯者であろうから生活する必要最小限度の世帯用具は新調せねばならない。物価高の折柄とて購入するには相当の経費を要する。許された収入の範囲内で快適な生活をするためには間に合わせのちぐはぐな調度品でありたくない」と。「これでよいのだろうか？ 居住者はこの様な格好のつかない生活の中で安らかな気持ちでいられるのだろうか？」と批判的に状況分析をしている。その上で、彼らは工藝指導所として占領軍住宅家具の設計指導にあたった経験を活かして、出来うる限りの協力をしたいとも語っている[21]。

ここで注目すべきは、公的に供給される住宅は基本的に家具付きとして、ベッドや椅子やテーブルなどの主要大型家具を提供することが、古い座式生活から新しい立式生活への転換を促すことができる「親切」なのではないか、と金井が述べている点である。「入場料や汽車賃をとる映画館や長距離列車の椅子を全部無くしたとしたら当然批難の声が起るであろうが、これと同様に板張り住宅（敢えて洋式住宅と云わない）に家具の備え付けのあるのを『当然のこと』としたい」としている[22]。

これに呼応するかのように、東京商工会議所の復興建設相談室主任で設計士の秀島乾が『工藝ニュース』に「エンコー家具創作へのメモ　戸山ハイツ」として廉価版家具の必要性を強調している。「座る生活様式の征伐」「着物と畳のくされ縁切」「和式住宅供給の過失」「椅子の伝来と日本文化」「貧乏人家具研究の必要性」「軍手軍足式の家具」「家具生産方式の検討」「家具のコ

スト」「経済性は工業化から」「家具の構造計画」「上足形式の適正寸法」「家具の衣服化」「家具の転用性」「座式から立式への調和」「自分で塗装も修理も」という15のポイントを列挙し「新生日本の新生活様式の創造はまず住革命から始まる。馬鹿な戦争のためではあったが衣革命、食革命は一応徹底しつつある。この絶好のチャンスをとらえて兎にも角にも日本人の腰を畳の上からあげてやりたいものだ」と展望を語っている[23]。

　さて一方で占領軍扶養家族用の住宅建設を命じられた官僚たちは、こうした占領政策をどのように認識していたのだろうか。その過程については次章で詳述するが、占領終了から7年が経過した1959（昭和34）年3月、特別調達庁長官を務めていた丸山悟は占領下約7カ年にわたる占領軍工事調達の歴史的変遷を顧みて「戦後の疲弊から脱却し今日の興隆をみたわが国建設業界の姿にうたた感慨に堪えないものがある。とくに当庁設立当初より調達業務に直接従事した一人として戦禍による国土復旧に挺進しつつ、占領軍調達として膨大な各種建設工事を完遂したことは、当時の先輩ならびに関係者各位の筆舌につくせない努力と、官民一体の協力がもたらしたものであることの認識を今更ながら痛感させられた次第である」と語っている。

　丸山は続けて、「占領軍工事調達にあつては、その設営工事の大半が戦後三、四年の短期間内に竣工をみたものが多く、当時は調達制度の不備に加え、戦災により資材及び労務の需給が極度にひっ迫していた時代であり、かつ占領軍という絶対権力者の重圧のもとに、緊急にその要求の充足を図らねばならぬという悪条件が累積していた」と回想する。悪性インフレに基因する経済危機があったにせよ、その根本的な原因は敗戦という厳粛な事実であった。その中でも調達制度の整備改革を通じて国費の適正かつ効率的な支出を図り、占領軍調達の円滑な充足を果たしえたことは、「占領行政遂行上大きな成果」だとし、間接的ではあるが講和条約締結の促進にも寄与したものであったとその意義を確認している。また戦時中における孤立状態や原材料等の軍事施設利用最優先などの影響によりかなり後退していた建設業界の技術水準が、占領軍設営工事の施工を請け負うことによって刷新され、国内の

土木建築技術の大きな飛躍と発展の基礎となったことにも言及している[24]。

　また、特別調達庁では次長を務めた真子傳次も占領軍調達史編さん委員会委員長として『占領軍調達史——部門編　工事』に「刊行のことば」を寄せて、占領軍という「絶対権力者の要求に係る調達業務であった」とその苦労を偲んでいる[25]。一方、戦後復興院の一員として占領軍関連の工事に携わり、戦後日本の都市復興計画などをリードしていくことになる市浦健は「建設省の前身ともいうべき復興院にDHばかりでなく一般軍工事の建設を所管する特別建設局ができて私は建築工事課長として堀井さんの下で小沢久太郎（土木）保岡豊（設備）安田清（資材）の諸課長とともに、また対外的には外務省の矢口、通商省の岡田両氏等と大変忙しい毎日を送った……とくに私は横浜の［第8軍調達課アルバート・］フレゴシ中佐の許に毎日のように連絡に通ったが、その内彼の識見、人格には大変深い感銘をうけた」と日本人官僚と占領軍米人との良好な関係を語っている[26]。

　さらに、戦後復興院が発展的に解消されて建設省となった時に、営繕局長を務めた桜井良雄も、「占領軍という絶対権力者の要求に係る調達業務」であるという認識は持ちつつも、他方で戦後日本が復興していくためには必要な機会であったと認めており、次のように語っている。

　［1945（昭和20）年］9月、占領軍の進駐が始まるや、これに伴って膨大な調達要求が敗戦にあえぐわが国の全土におおいかぶさった。なかでも基地設営に伴う建設工事の要求は、きわめて大規模かつ緊急のものであり、これは一面においてわが国の経済に強い圧迫を加えたと同時に、建設業関係方面にとっては、敗戦を悲しむいとまもなく、いわば起死回生の機会を与えることとなったのである。すなわち、大量の家族住宅を含む建設工事が開始されるや、軍は原則としてアメリカ式の設計及び施工法を強要し、アメリカ式の監督方法をもって現場に臨んだのである。このため戦争によって低下した建設技術と、長い歴史をもった封建的建設マンネリズムは見事に打砕かれ、期せずしてわが国建設技術に新生面

を開くに至った[27]。

　特に、第二次世界大戦中の基地設営に当たって機械化をめぐる日米の格差が敗戦の主要因だったと言われるほど、アメリカの機械化土木技術は進歩的だった。戦後日本の建設業者たちは、占領軍から受注した工事を通してアメリカの重機械を用いた近代的な土木工事事業を目の当たりにし、畏敬の念をもって彼等の技術や工法を熱心に学んだ。さらに、工事の入札・契約・促進・監督・検査・支払等の事務処理についても、アメリカ式合理主義を、身をもって体験し、その洗礼を受けたのである。

　他方、商工省工藝指導所の編集した『デペンデントハウス――連合軍家族用住宅集區』に太平洋米陸軍總司令部技術本部設計課（Chief Design Branch, OCE, GHQ/AFPAC）の陸軍少佐ヒーレン・エス・クルーゼが序文を寄せ、その中で「本書に示された住宅は、連合軍家族の大部分に適合するものと考へられるのであるが、又同時に日本人にとつては新住居・新生活様式の先驅と見做され得るものである」と述べている[28]。これが米軍ハウスのデザインコンセプトだった。クルーゼはデザインの統括をする立場にあったようだが、その人物について日本側の家具設計主任であった商工省工藝指導所の豊口克平が以下のように記している。「クルーゼ少佐は建築家ださうだが日本の建築家の様ではなく、建築そのものの技術に關聯する室内調度としての家具に對して豊かな常識を持って居るため、實に懇切微細な指示を即座に與へられたし、又吾々の技術を日本の現状といふ特殊な意味で採り擧げて生産の現實化を確實にさせた事は實に感謝すべきことである[29]」。また、同じく工藝指導所の金子德次郎は、設計した家具の図面を見せた際のクルーゼの対応について「この圖面は駄目だと云つて、自身で種々寸法を書き込んだり、線をひき直したりした」と記している[30]。すなわち、クルーゼは建築設計に加えてプロダクトデザインも監修したということである。また、工藝指導所所長の齋藤信治は「連合軍家族住宅家具の生産を担当する日本の家具メーカーは一方に於いてポツダム宣言受諾に伴う日本政府の義務の履行に協力す

ると言う名誉を担うと共に、他方に於いては直接の外国人の日常生活にふれるこの仕事を通じて日本工芸の国際性への発展に寄与するという二つの意義ある仕事を果たすことができる」と感じていたという[31]。工藝指導所設計部員の種村真吉も、米軍ハウス家具がデザインショックを超えてカルチャーショックであった旨を書き残している[32]。

　ただし、豊口が1971（昭和46）年1月に記した記録には「当時は GHQ の目が光っているだけに」クルーゼを褒めたが、「実に無趣味なデザインにあきれもし不満やるかたなかった」との記述もあるので、日本人デザイナーとGHQ との関係性は複雑だったとも言えよう[33]。

　納入された什器に関しては戦災復興院特別建設局業務部設備資材課總理廳技官の濤川馨一は「一言にして云へば設計、仕様については殆ど大部分米側から示された米國の製品と同じものを要求され、さうでないものについても米側の詳細な指示を受けて作つた見本品について承認を得たといふ事である」とし、「電気器具の内電気スタンド、アイロン、トースター、コーヒー沸器等は入つてゐるが、電氣冷藏庫、電氣ヒーター、電氣レンヂ等は『エンジニーヤ』扱の建設資材品目に含まれ『クオーターマスター』品目からは除かれてゐる」とも述べている[34]。

　したがって、什器は扱いが異なったようだが、GHQ 側の基本的な姿勢はアメリカの製品デザインをそのまま日本で再現する、ということだったと考えてよいだろう。だが、有無を言わせず設計を強要した、ということにはなるまい。こうしてみると、家具や什器を含む米軍ハウスの設計が、帝国主義的アメリカによって一方的に押し付けられたという見方は再検討に値しないだろうか。むしろ、逆境に立ち向かう戦後日本の苦悩と努力がみてとれないだろうか。もちろん次章で詳しく見るように、アメリカ生活環境が圧倒的な物質的豊かさをもって物資の欠乏する日本に大量流入してくるわけだが、その様をどう形容したら良いのかは、当事者たちの振り返りを丁寧にみていくことで明らかになるだろう。

第3章

米軍ハウスと家具・什器の生産

　1945（昭和20）年に大日本帝国が第二次世界大戦で敗戦し、アメリカ軍と英連邦軍（British Commonwealth Occupation Force, BCOF）を中心とした連合国軍による日本占領が始まると、その治安及び社会制度再構築を目的として大勢の軍人や軍属が日本駐留を開始した。そうした軍人の中では既述の通り妻子を呼び寄せて家族ぐるみで日本に居住する者が徐々に増えていった。高級将校は主に戦前の華族や資産家の洋式住宅を接収・改修して利用したが、一般的には旧日本軍基地跡などに新たに扶養家族住宅が建設された。それらの住宅の主流は概ね各戸80平方メートルから100平方メートルの木造平屋建て、もしくは2階建ての一戸建あるいは連戸建で、数十戸から数百戸単位の街区として建設され、空間的にも物質的にも余裕のある街づくりが実践され、「リトル・アメリカ[1]」とでも呼べる風景が広がっていく[2]。この軍人用扶養家族住宅の起源は、後述するように19世紀まで遡るのである。

　なお、占領期における多種多様な必要物資の「調達[3]」だが、占領当初、南九州鹿屋先遣隊が酒・ビール・牛肉・鶏肉・鶏卵・野菜果物を要求したという例外を除いて、基本的に占領軍は食糧をはじめ衣料・医療品・酒タバコなどもすべて自給態勢を取り、こうした物品の現地調達を行わなかった。日本本土上陸時に、占領軍は臨戦体制で臨み、必要な物資は同時に陸揚げした。旧大日本帝国政府が無条件降伏したとはいうものの、占領軍は日本において軍事的抵抗を受けることを想定していたからである。そこで最初の「調達」は不動産から始まった。まず飛行場・港湾施設・貯油施設・兵舎など旧大日本帝国陸海軍関係施設や軍需工場の占拠であった。また、戦災を免れた公共建築物、民有のホテル・デパート・事務所・倉庫、さらに上級将校用住宅と

して洋式に改修できる住宅などが接収された。

　こうした兵舎・扶養家族用建築物の接収と併行して行われたのが、清掃・修理・修繕・改造工事、さらに家具・備品の提供、電気・ガス・水道供給の要求であった。例えば、椅子、テーブル、絨毯、電灯などの洋間セット、電気冷蔵庫や食器類などの台所調度品、その他各種の家具、什器類である。これに衣料品のクリーニングサービス提供の要求も加わった。さらに工事のためには、砂利・セメント・鉄管類のほか、木材・釘・ガラス・ペンキ・屋根材・パテといった建築用資材、電気設備用資材としては電球をはじめとするさまざまな備品、輸送通信関係では鉄道輸送や電信電話サービスなどの要求があり、日本政府はすべてに対応する必要に迫られた。乗用自動車・バス・トラックなどの車両類は、進駐当初アメリカ本国からの持ち込みが少なかったために、供給が追いついておらず、加えて日本国内のガソリン不足のために旧式の代用燃料車が納入されたりしたが、故障が頻発するなどで役に立たないことも多かった。終戦直後の逼迫した物資不足の中で、多大なる努力が払われたであろうことは想像に難くない。

　さて、太平洋の彼方に視線を移すと、アメリカ軍の扶養家族住宅には長い歴史があり、その起源は19世紀まで遡ることができる。初期の兵舎や扶養家族用住宅についてはその資金が連邦議会によって常に制限されていたため、設備も十分でなく1960年代になるまでは様式も統一されておらずタイプもさまざまだった。最初に将校や下士官とその家族を収容するための標準的な家族住宅計画が策定されたのは、1866（慶応2）年頃だったとされる。兵士の住宅事情に対して、まず声を上げたのは陸軍医たちであった。特に陸軍医総監モンゴメリー・メイグスは米国本土における仮設兵舎と扶養家族用住宅の標準化計画を1872（明治5）年に提唱し、これによって統一された基準で建設された住宅が西部地域を中心に、東海岸のいくつかの屯所にも広がっていった。しかしこうした住宅改善の試みにもかかわらず、まだ十分でない暖房設備や特に換気の悪さなどの不衛生な環境について陸軍は厳しい批判を受け続けた。またこの時期は建築業者のハンドブックやスタイルブック、パター

ンブック等、住宅の広告販売カタログの発達によって、民間でも標準化された住宅という考え方が普及していく時期とも重なっている。

　1890（明治23）年頃になると陸軍は民間の設計士の活用を大幅に削減し、住宅やその他の建築物の標準化を本格的に開始するようになる。米西戦争により1898（明治31）年には陸軍の兵力も約2万5千人から6万5千人以上へと激増、陸軍の拡張に伴って東海岸と西海岸に多くの軍人用宿舎の建設が必要とされた。それまで西部の宿舎の設計は通常、民間の建築事務所が担当することも多かったが、徐々に陸軍の標準的な設計図にそって建築されるようになっていった。1905（明治38）年になると陸軍は建築家と製図スタッフを雇用し、建物の外観の改善とコスト削減のため標準図面と仕様書の改訂を監督させた。コストの削減は、無駄な内装の排除、外装の変更、規格化された材料を利用することによって達成された[6]。

　第一次世界大戦が始まると軍用住宅の建設は中断され、戦後は全国的な住宅不足に陥った。1926（大正15）年、議会は公法第45号を制定して、陸軍長官が43の軍事施設を処分し、軍の屯所を建設するための予算として恒久的に計上することを許可した[7]。この法律は10年先までの計画を明らかにしたもので、一戸の建物費用に対して2万ドルに設定されていた上限が撤廃され、1933（昭和8）年までに総額8,000万ドルが住宅建設費に投じられた。さらに1933（昭和8）年の国家産業復興法によって陸軍へ6,100万ドルもの追加予算が認められ、1,509の宿舎の建設を含む、65カ所の基地における660事業に対して割り振られた。またニューディール下の雇用促進局（Works Progress Administration, WPA）と公共事業局（Public Works Administration, PWA）の予算からも、陸軍住宅用として6,500万ドルが追加され、さらに1,091戸の宿舎が完成した[8]。

　第二次世界大戦になると大規模な軍備増強が行われたため、短期間で住宅施設を整える必要に迫られた。その結果としてほぼすべての陸軍施設の空き地に木造の仮設バラックが建設され、多くの兵士はテントでの生活を強いられた。例えば、太平洋戦線に向かう経由地であったハワイでは、平屋と2階

建てが標準のバラック、さらに仮設の一戸建て住宅とテントが使われている
【図表3-1〜3-5】。しかしこうした第二次世界大戦中の仮設建築物も、ほ
ぼすべてが戦後に取り壊され、忘却の彼方へ消えてゆく[9]。それはまさに戦後
日本占領各地に建てられた米軍ハウスの行く末を予見しているかのようで
あった。

図表3-1　第一次大戦後の真珠
　　　　湾地区に建設された
　　　　扶養家族用テント住宅

図表3-2　第二次大戦開戦直前の
　　　　扶養家族用テント住宅

図表3-3　第二次大戦中のオアフ島における扶養家族用住宅4地区

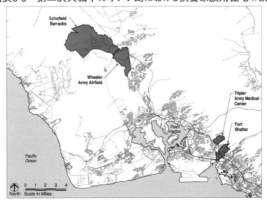

図表3-4　第二次大戦中の Fort Shafter 住宅地区街路

図表3-5　第二次大戦中の Fort Shafter 地区一戸建て住宅外観

　ここからは第二次世界大戦後の日本の米軍ハウスについて見てみたい。兵舎の建設など日本国内の生活環境を整えていく過程は占領軍と旧大日本帝国政府との間で紆余曲折を経て決定していった。1945（昭和20）年8月19日、閣議決定「占領軍駐屯に伴い連絡折衝機関設置の件」によって、終戦処理会議とその下に終戦事務連絡委員会が新設された。そして、GHQ/SCAP との折衝を担当するため、1945（昭和20）年8月26日に「終戦連絡事務局官制」（昭和20年勅令第496号）により「大東亜戦争終結に関し帝国と戦争状態に在りたる諸外国の官憲との連絡に関する事務を掌る」ことを任し、外務省の外局として「終戦連絡中央事務局」が設置され、内務省、大蔵省、商工省などの関係各省の要員によって運営されることとなった。接収事務には当初、政府に設置された終戦連絡中央事務局の監督下に、都道府県知事があたっていた。それが、占領軍の地方軍本部に対応する形で地方事務局を設置し、「現地軍政当局に対して責任をもって内政、産業、経済、財政等に関する我が国への要求の第一関門として機能」することになっていく[10]【図表3-6〜3-14】。

図表3-6　当初における終戦連絡中央事務局機構（1945年8月26日現在）

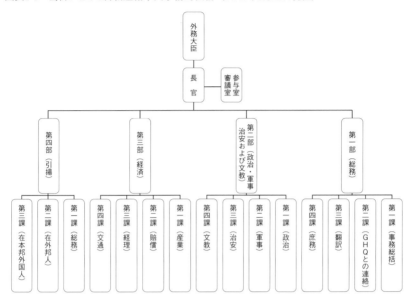

図表3-7　第2次改正後の終戦連絡中央事務局機構（1945年10月1日現在）

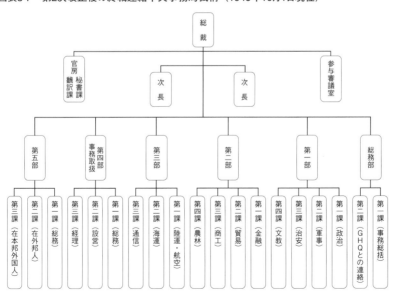

図表3-8　第3次改正後の終戦連絡中央事務局機構（1946年3月15日現在）

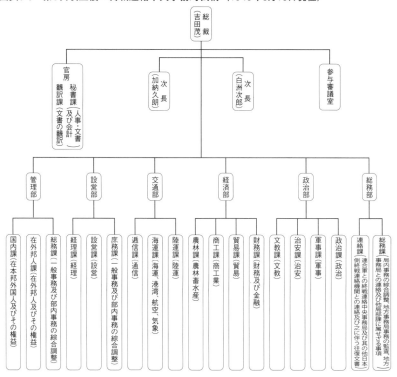

図表3-9　終戦連絡中央事務局機構（1947年6月10日現在）

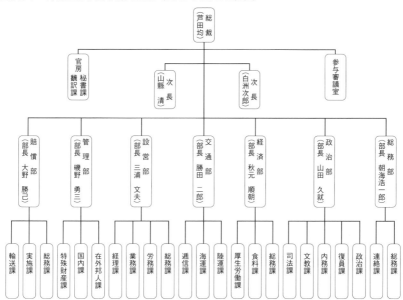

図表3-10　終連地方事務局及び出張所（1945年12月末現在）

区分	所在地	設置年月日	区分	所在地	設置年月日
横浜事務局	横浜市	1945年 9月22日	福岡事務局	福岡市	1945年11月19日
京都事務局	京都市	1945年 9月22日	松山事務局	松山市	1945年11月19日
横須賀事務局	横須賀市	1945年10月10日	名古屋事務局	名古屋市	1945年11月19日
札幌事務局	札幌市	1945年10月10日	館山事務局	館山市	1945年11月19日
仙台事務局	仙台市	1945年10月10日	和歌山事務局	和歌山市	1945年11月19日
佐世保事務局	佐世保市	1945年10月10日	厚木出張所	厚木町	1945年 9月 4日
大阪事務局	大阪市	1945年10月10日	立川出張所	立川市	1945年 9月20日
呉事務局	呉市	1945年10月10日	長崎出張所	長崎市	1945年12月 1日
鹿屋事務局	鹿屋市	1945年11月19日			

図表3-11　終連地方事務局及び出張所増減（1946年 1-12月）

区分	所在地	設置年月日	廃止年月日
岡山事務局	岡山市	1946年 2月 1日	
九州事務局	福岡市	1946年 2月 1日	
久留米事務局	久留米市	1946年 2月 1日	1946年 6月10日
高松事務局	高松市	1946年 2月23日	
千葉事務局	千葉市	1946年 2月23日	
熊本事務局	熊本市	1946年 3月30日	
神戸事務局	神戸市	1946年 4月 1日	
館山事務局	館山市		1946年 2月23日
松山事務局	松山市		1946年 2月23日
鹿屋事務局	鹿屋市		1946年 3月30日
福岡事務局	福岡市		1946年 9月15日
松山出張所	松山市	1946年 2月23日	
金沢出張所	金沢市	1946年 4月 1日	
福井出張所	福井市	1946年11月20日	
奈良出張所	奈良市	1946年 4月 1日	
大津出張所	大津市	1946年 4月 1日	1946年11月15日
舞鶴出張所	舞鶴市	1946年 4月 1日	
浦和出張所	浦和市	1946年 4月 1日	1946年10月31日
山口出張所	山口市	1946年 5月13日	1946年 6月15日
鹿児島出張所	鹿児島市	1946年 5月20日	
小倉出張所	小倉市	1946年 6月17日	
青森出張所	青森市	1946年 6月21日	
大分出張所	大分市	1946年11月19日	

図表3-12　終連地方事務局担当区域（1945年12月14日）

地方事務局	担当都道府県
横浜	神奈川、山梨、長野、群馬、埼玉
横須賀	なし
館山	千葉、栃木、茨城
京都	京都、滋賀、石川、福井、富山
名古屋	愛知、岐阜、静岡
大阪	大阪、兵庫、三重、奈良
和歌山	和歌山
呉	広島、島根、岡山、鳥取
松山	愛媛、徳島、高知、香川
福岡	山口、大分、福岡
佐世保	佐賀、長崎
鹿屋	宮崎、熊本、鹿児島
仙台	宮城、岩手、秋田、山形、新潟、福島
札幌	北海道、青森

図表3-13　第2次改正による終連地方事務局担当区域（1946年2月16日）

地方事務局名	担当都道府県
横浜	神奈川、山梨、長野、群馬、埼玉、新潟、福島
横須賀	なし
千葉	千葉、栃木、茨城
京都	京都、石川、福井、滋賀、富山
名古屋	愛知、岐阜、静岡
大阪	大阪、兵庫、奈良、三重
和歌山	和歌山
呉	広島、島根、鳥取
高松	愛媛、徳島、高知、香川
福岡	福岡、山口
佐世保	佐賀、長崎
熊本	熊本、大分、宮崎、鹿児島
岡山	岡山
久留米	なし
仙台	宮城、岩手、秋田、山形、青森
札幌	北海道

図表3-14　第3次改正による終連地方事務局担当区域（1946年11月6日）

地方事務局名	担当都道府県
横浜	神奈川、山梨、長野、群馬、埼玉、新潟
横須賀	なし
千葉	千葉、栃木、茨城
京都	京都、滋賀、福井
東海北陸	愛知、岐阜、静岡、三重、石川、富山
大阪	大阪、奈良
和歌山	和歌山
中国	広島、島根、鳥取、山口
四国	愛媛、徳島、高知、香川
九州	福岡、大分、宮崎
佐世保	佐賀、長崎
熊本	熊本、鹿児島
岡山	岡山
神戸	兵庫
東北	宮城、岩手、秋田、山形、青森、福島
北海道	北海道

さらに終戦連絡中央事務局機構とは別に、1945（昭和20）年11月５日公布の「戦災復興院官制」（勅令第621号）により内閣総理大臣の管理下に「戦災復興院」が設置され、市街地造成計画などを行うことになった。翌1946（昭和21）年３月20日「戦災復興院特別建設部臨時設置官制」の公布によって同院には総務課・建設課・資材課が発足し、４月20日に戦災復興院特別建設出張所管轄区域も定められた。５月15日には業務の増加に伴って新たに４課体制に改正している【図表3-15】。

　後発の戦災復興院特別建設部は、占領軍家族住宅建設工事を主たる任務として設置されたのではあったが、体制が整わないうちは既存の終戦連絡中央事務局及び地方事務局が現場の占領軍からの住宅改造・建設要求などに対応して処理していた。そのため戦災復興院との間で業務所管が不明確であった。また家族住宅工事を除いた兵舎工事・飛行場・モータープール・道路・礼拝堂・学校・病院などの一般工事は終戦連絡中央事務局が所管し、一般資材関係については戦災復興院が家族住宅を含めて全てを扱うというように業務分

図表3-15　第2次改正後の戦災復興院特別建設部機構（1946年5月15日）

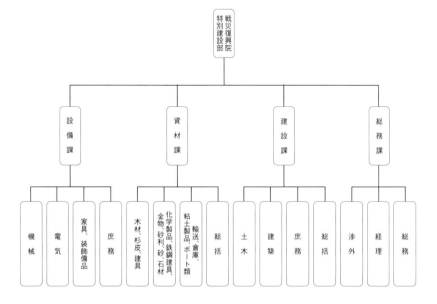

担が錯綜していた。そこで9月には調整が行われて維持管理を除く諸工事は
復興院において一元管理することが決められた【**図表3-16**】。ここにおい
て復興院が終戦連絡中央事務局の設営業務の大部分を吸収、その結果として
建設部は局へと昇格して業務部・建設部の2部制となり、その下に計7課を
置く戦災復興院特別建設局となった【**図表3-17**】。

図表3-16　連合国軍施設用資材調達の主務庁区分（1946年9月23日）

連合国軍要求区分	資材区分	主務庁
中央要求	建設資材	復興院
	家族住宅用物資	復興院
	上記以外の物資	終連中央事務局
	家族住宅新築及び改造用資材	復興院
	家族住宅維持管理用資材	復興院
地方要求	工事材料	復興院
	維持修繕用工事材料など	終連中央事務局

図表3-17　戦災復興院特別建設局機構（1946年11月14日現在）

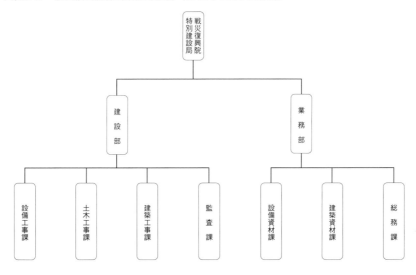

その後もさらに増大する業務に対処して一元化を図る目的で1947（昭和22）年９月、法律第78号「特別調達庁法」により公法人としての特別調達庁が設置され、終戦連絡中央事務局及び戦災復興院特別建設局から所定の業務を引き継ぐ。それに伴って復興院はさらなる改正を行ったが【図表３-18】、1947（昭和22）年12月31日にて廃止され、1948（昭和23）年１月１日旧内務省国土局と合して建設院となり同年７月には建設省として発足している。[11]

　さて、２万戸におよぶ米軍ハウスの建設地、建設戸数、標準設計は、いずれも占領軍当局が決定するものであり、日本政府はこれに直接関与しなかった。住宅地区の建設地・建設戸数・施設の配置、標準設計については、第８軍司令部がGHQと協議した。敷地計画は、第８軍司令部「家族住宅の敷地計画ならびに配置に関する基準」を基に行われた。住宅地区の建設計画図は現地部隊が作製し、これを第８軍司令部が承認した。計画図の審査は、同司令部技術部が「占領軍用家族住宅建設に対する審査項目表（第８軍司令部技術部）」により行った。こうして第８軍司令部と最高司令部との合議に基づく決定を受けて、日本各地に配属された現地部隊がそれぞれの地方庁に対し

図表3-18　戦災復興院特別建設局機構図（1947年9月改正）

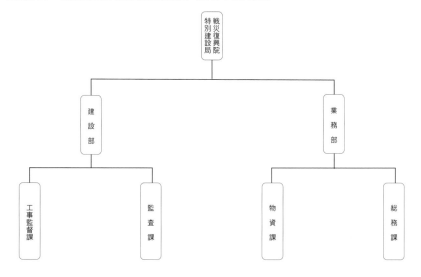

て建設命令の覚書を発出することになっていた。これに対して、建設準備を進めておきたい戦災復興院は、その基礎となる米軍ハウス地区別建設戸数を把握するため、第8軍に対してできるだけ早い段階での明示を希望していた。他方で、各地区別の所要資材集積（セメントと木材）に関する第8軍司令を基に、日本本土に1万6,000戸、朝鮮に4,000戸という数字を1946（昭和21）年4月には弾き出して、準備を整えてもいた。なお、この推定数値は後日正確であったことが明らかとなる[12]【図表3-19】。

　しかし、占領軍が要求した約2万という米軍ハウス建設戸数に対して、1946（昭和21）年末までに完成したのは3,172戸（新築1,200戸、改造1,972戸）、翌47（昭和22）年3月末までに完成した戸数は約6,800戸に過ぎなかった。

図表3-19　連合国軍用宿舎建設予定地

都道府県	予定地	建設戸数	都道府県	予定地	建設戸数
北海道	札幌市	463	岐阜	岐阜市	286
	千歳郡千歳村	166	京都	京都市	307
青森	八戸市	242	滋賀	大津市	307
宮城	仙台市	605	奈良	奈良市	197
山形	北村山郡東根村神町	184	大阪	大阪市	725
群馬	新田郡太田	194	兵庫	西宮市	286
埼玉	入間郡入間川村	238		神戸市	498
	北足立郡朝霞町	219		姫路市	285
東京	麹町区霞ヶ関内務省裏	1,405		加古郡加古川村	192
	赤坂区閑院宮邸跡		岡山	岡山市	528
	渋谷区代々木練兵場		広島	呉市	3,776
	麹町区半蔵門前		福岡	八幡市	189
	八王子市			遠賀郡芦屋町	152
	立川市	187		筑紫郡邦賀村板付	232
	横田	149	長崎	佐世保市	455
神奈川	横浜市	2,067		北松浦郡相浦町	150
	横須賀市	488	熊本	熊本市	189
	高座郡座間村	63	大分	別府市	189
	三浦郡武山村字大田和	387	朝鮮		4,000
			総計		20,000

一方で終戦連絡中央事務局と戦災復興院から業務を引き継いだ公法人特別調達庁により体制が効率的に整備されていく。

　まず1947（昭和22）年5月10日の「特別調達庁法」（昭和22年法律第70号）の公布による体制整備として、同年9月に特別調達庁（Special Procurement Board, SPB）が設置された。特別調達庁は調達実施の業務面を一元的に受け持つ機関として構想され、戦災復興院特別建設局が所管してきた占領軍の調達業務を引き継ぎ、その業務処理には「一層能率的なビジネスライクな組織体」であることが求められた。設立当初は東京都分の業務にあたり、地方における調達業務は地方庁に任されたが、11月22日、支局設置認可申請が内閣総理大臣に提出され、札幌・仙台・横浜・名古屋・京都・大阪・呉・福岡に支局が設置され、東京を含む9支局に分かれた調達命令が実施されることになる。しかし、終戦連絡中央事務局は、連合軍建造物施設や住宅の維持管理事務、連合軍関係雇用労務事務などの業務について、地方庁への業務委任形式による処理の継続を依頼し、実態は地方庁の裁量も大きかった。[13] 11月25日、GHQは同庁を「政府の一部であると解釈しなければならない」等の覚書を日本政府に発出し、12月5日に「特別調達庁の性質等に関する件」として「特別調達庁は政府の一部局である」と閣議決定され、他の公団とは別格の官庁的権限を与えられた。

　1949（昭和24）年6月1日には「特別調達庁設置法」（昭和24年法律第129号）が公布・施行され、次の3点が定められる。

（1）連合国の需要する建造物及び設備の営繕並びに物品及び役務の調達（他省庁の所掌に属するものを除く）

（2）連合国の需要を解除された建造物、設備及び物の保管、返還及び処分（他省庁の所掌に属するものを除く）

（3）連合国占領軍の特に指示する事務を任務とし、長官官房のほか、経理部、契約部、技術部、促進管理部及び事業部の5部、札幌、仙台、横浜、名古屋、京都、大阪、呉、福岡の8支局と約7,000名（1949年

6月1日時点）を有する総理府の外局として、占領軍の調達関係事務一般を一元的に所掌する。

　さて、終戦後の日本政府が、全国の産業を動員して占領軍のためにアメリカ水準の住宅を建設したことに加えて重要なのは、アメリカ式の家具や食器などの生活用品を生産した点である。なぜならば、これが戦後日本の生活デザインの源となったからである。米軍ハウス用の約100万点もの家具・什器の生産は、占領開始翌年に始まり、GHQによるデザイン指導の下、商工省（後の通産省）工藝指導所が生産にあたった。日本の優れた職人技術と欧米のモダン・スタイルの融合したこうした最初の家具はイスとテーブルという西洋式の生活にふさわしいものとして評価されていった。さらに、工場での大量生産化や家庭電化製品の開発などは、昭和30年代以降の高度成長期の原動力となった点で重要である。[14]

　序章でも触れたように1946（昭和21）年3月6日、GHQは日本政府に対しSCAPIN第799号を発し、日本の各地に2万戸の占領軍家族用住宅の建設を命じた。この連合国最高司令官指令では、住宅そのものだけでなく、家具、什器、家電製品まで細かい要求が列挙されていた。例えば冷蔵庫は、6立方フィート2万台、12立方フィート280台、110立方フィート80台というように、サイズと数量も指定されていた。[15]

　冷蔵庫をはじめとする「白物家電」について研究した伊藤潤によれば、第二次世界大戦以前の日本の家電製品は、未発達だったという。事実、日本で冷蔵庫や洗濯機が急速に普及するのは第二次世界大戦後しばらくしてからである。[16]大戦中、1938（昭和13）年の「国家総動員法」に続き、1940（昭和15）年7月7日に施行された「奢侈品等製造販賣制限規則」によって家電製品はほぼ全般的に製造中止となったが、それ以前は芝浦製作所（東芝の前身）をはじめとする数社が冷蔵庫や洗濯機を製造・販売していた。戦前の段階ではこれらの製品の色彩は必ずしも白くはなかったようである。一例を挙げると、主要メーカーで戦前唯一洗濯機を製造していた芝浦製作所が1935（昭

和10）年に「普及型」として発売した洗濯機「ソーラーC型」は洗濯槽が鶯色の琺瑯仕上げであった。[17]「普及型」として位置付けられている以上、製品のスタイリングの面でも生活者に受け入れられやすいと想定した色を採用したはずである。それが「白」ではなく「鶯色」であったことは注目に値する。[18]

　敗戦後、こういった「白」仕様の製品を日本のメーカー各社は占領軍住宅用に大量に製造した。岩崎景春によると、冷蔵庫は三菱電機、日立製作所、中川機械（現・アプライアンス）、大阪金属工業（現・ダイキン工業）、日商社、三菱重工業、芝浦工機（現・東芝機械）、東京芝浦電気（現・東芝）、明電舎の9社、洗濯機は国森製作所、東京芝浦電気、神戸製鋼の3社が納入していたという。しかし1948（昭和23）年頃にはGHQへの納入が完了する。大阪金属では1948（昭和23）年11月6日に「進駐軍向け電気冷蔵庫のGHQからの注文、全面的に打ち切られ」てしまう。ほかのメーカーも同じだった。その結果、こうした製品や技術は、日本の一般市場に振り向けられることになったのである。占領軍納入などの特需品を扱っていたメーカーや重電機メーカーが、新しい販路を家庭電気器具に見出したという訳である。これが「白物家電」の起源となる"white goods"が日本に移植された瞬間である。[19]家電製品の分野でも"white goods"が日本へ導入されたこの特需は、進駐軍による大量の需要が日本の各産業の復興を喚起したとして、丸の中に進と書いて進駐軍を表し「㊐（マルシン）景気」と呼ばれたという。[20]

　家電製品についても、トースター・ドリポレーター（電気濾過器）・ホットプレート（電気小型レンジ）[21]・電気冷蔵庫・電気洗濯機・電気レンジ・電気湯沸器・電気ストーブなどの設計図が『デペンデントハウス――連合軍家族用住宅集區』に示されている。また、白色かどうかは不明だが、電気掃除機も明るい色の仕様であることが同書の写真から見てとれる。さらに、1946（昭和21）年の『工藝ニュース』には「進駐軍家族用厨房用品」の紹介があり、電気レンジは「全溶接高級仕上鋼板製外部を白色對熱塗料で仕上げ明るい美しい清潔感を與へる高級品」、電気冷蔵庫は「外部は白色ラッカーエナメル

　仕上げの優美なもの」といった記述が見られ、実際に納入された製品が白かったことが確認できる[22]。

　また、『デペンデントハウス』に「白」仕様が明記された什器は家電製品以外にも少なくない。例えば、「冷蔵庫（３種類）：鉄板白エナメル吹付／檜ブリキ白エナメル／檜・ブリキ。外部透明ラッカー又は白エナメル内部銀色エナメル、ソース鍋セット：鉄板・白色琺瑯仕上、二重鍋：鉄板・白色琺瑯仕上、パン入れ箱：ブリキ白ラッカー吹付、芥入：アルミニューム・鉄板白ラッカー、ちり取：ブリキ白ラッカー仕上」という記述がある。ここでの「冷蔵庫」とは氷冷蔵庫（ICE BOX）のことである。くず入れ「芥入」の「アルミニューム・鉄板白ラッカー」は、写真から判断するに、内筒が「アルミニューム」製、外筒が「鉄板白ラッカー」だと思われる。伊藤によれば、氷冷蔵庫も「白」、という仕様にも注目すべきだが、それ以上に「芥入」も「ちり取」も「白」、というのは結構な「白」への執着だという[23]。

　つまるところ、米軍ハウスの什器に「白」い仕様が多いのは、入居者となるアメリカ人将校から兵士クラス（中流階級以下が主体）とその家族は「白」に対する嗜好性が高いと考えられていた、と伊藤は推測する[24]。というのも、家具・什器のデザイン責任者であるクルーゼ少佐が、彼自身の嗜好を抑制し、一般的なアメリカ人の好みを優先してデザインの監修にあたっていたからである。事実、前述の金子徳次郎が「成型合板の家具を設計して、サンプルも出来て、これはどうかと訊ねた時、少佐が、頭をひねつて、『これはモダーン過ぎる』と云い……フインランドのAALTO［を引き合いに出した上で］『私は（と少佐は力をこめて云つた）好きだ。然し、一般の人──まだゝ多くの人々には、判らない。やはり彫刻のついた所謂、何々スタイルと云つたものを慾しがつているのだよ』」と答えたという[25]。

　「白」はモダニズムを代表する色であり、必ずしもアメリカ人独自の嗜好性ではなかったが、アメリカ人の生活製品あるいは生活環境における「白」への嗜好性は米軍ハウスにも表れた。GHQは新築の米軍ハウスだけでなく、さまざまな建物を接収し、改修して米軍ハウス住宅とした際も白が使われた

のである。丸の内周辺のホテルや官公庁の建物などがまず接収され、続いて東京地区の洋風住宅が接収された。そして1946（昭和21）年 4 月 1 日付けの第 8 軍司令部技術部から出された「将校および家族宿舎の修理復旧に関する仕様概要」によると、内部仕上げについて「室内を明るくするように内部天井、壁、木部に明るい仕上げをなすこと。この意味において室内各部は監督将校指示に基き白色または明色を塗装すること」と記されていた。[26]

　ところで、20世紀の日米関係について、工芸品を例にとって研究をしてきた菊池裕子によれば、1930年代の日本はアメリカとの関係において不均衡な立場で主要な貿易相手国となっていた。1930（昭和 5 ）年から日中戦争が始まった1937（昭和12）年まで、日本からアメリカへの工芸品の輸出は着実に増加していた。1934（昭和 9 ）年、日本の輸出総額は世界第 5 位であったが、そのうち北米への輸出は15％、ヨーロッパ（41％）、アジア（22％）に次いで第 3 位であった。これらの輸出品は主に軽工業製品であり、約60％が工芸品で、その中でも陶磁器は多かった。1930年代、日本の陶磁器製品の輸出量は世界最大であり、そのうちアメリカへの輸出が最も多かった（30％）とされている。日本はダンピングの疑いをかけられ、アメリカのメーカーを保護するために、アメリカ国内では日本製品に輸入税をはじめとするさまざまな規制が課せられた。1936（昭和11）年のピッツバーグ市やニュージャージー州での安価な陶製食器のボイコットは、陶製食器では日本の輸入品がアメリカ市場の30％を占めるほど、アメリカのメーカーが脅かされていたことを示している。しかし第二次世界大戦の勃発によりアメリカ向けの陶磁器輸出は停止され、戦災により陶磁器の生産も著しく停滞することになる。

　占領期は、そんな日本の工芸品産業を復興させるための重要な時期であったが、それは日米の文化・経済関係が強化される歴史的文脈の中で起きた事象であった。終戦直後の日本はアメリカの経済復興政策と食料供給に全面的に依存しており、アメリカはその見返りとして日本に輸出品の開発を奨励した。工芸品はこの「見返り物産」の代表的なものであった。まさに平和産業として理想的な工芸品は、新しい日本文化のイメージを発信する有効な手段

として、日米両国において考えられていた。民間貿易が再開された1947（昭和22）年からは、人形や食器、カメラなど「Made in Occupied Japan」と刻印されたGHQ認定の多種多様な製品がアメリカに輸出されていく。特に戦前から欧米に輸出されていた陶磁器をはじめとする工芸品には、大きな期待が寄せられた[27]。GHQのデザイナーの下で米軍ハウスで使われる家具や家庭用品、台所用品のデザインを担当した日本人デザイナーや製作担当者も、その過程でアメリカ人の生活様式や好み、そしてデザインを学び、それが1950年代の輸出工芸品産業の発展に重要な意味を持っていくことになった。GHQが推奨したテイストは、冷たいヨーロッパのモダニズムスタイルではなく、北欧のデザインに加えて日本の木の素材や民芸品などを好んだ[28]。こうしてデザイン史家の柏木博が指摘するように、ジャパニーズモダンの原型[29]となったのは、実はこのアメリカの「日本趣味」だったのである[30]。

　総じて1950年代のアメリカ人は、非共産圏の文化を貪欲に求めていた。冷戦時代の文化「封じ込め」政策の下、「あなたを知る」というスローガンを掲げていた。そのため、アメリカの介入による地域デザインの発展は、日本に限ったものではなかった。イタリアや北欧も同様の経験をしている。イタリアでは、戦後、マーシャル・プランに基づくアメリカの投資によって、伝統的な工芸品が変化し、アメリカ人の消費のための近代的な輸出品が生産されるようになった。同様に、スウェーデン、デンマーク、フィンランド、ノルウェーなどの北欧諸国のデザインは、「スカンジナビアのデザイン」（1954〜1957年）や「スカンジナビア・デザイン・イン・ユース」（1954年）などの影響力のある展覧会を通じて、「スカンジナビア・デザイン」としてまとめて宣伝された。アメリカも北欧諸国も「ホモ・スカンジナビア人」というユートピア的な神話を広めたのである。さらに、エドガー・カウフマン・ジュニアは、「グッドデザイン」展（1950〜1955年）と、「家庭用および装飾用のアメリカン・デザイン」展（1953〜1955年）を企画して、イタリアやスカンジナビアのモダンの例は、日本のデザイナーが独自のデザインアプローチを開発するためのベンチマークとなっていくのである[31]。住まいの戦後モダニ

ズムは、次章で詳しく論ずる住宅を含め、多様な文化が遭遇する中で形成されていったのであった。

第4章

日本国内外に広がる米軍ハウス

　戦後から今日に至るまで、米軍ハウスが最も多く建設された地域は沖縄である。沖縄県では一般に「外人住宅」と呼ばれ、1960年代に建設ラッシュを迎え、1970年代には約１万2,000戸あったとされる。沖縄県外では、そのほとんどが関東地域に集中している。例えば東京都福生市・立川市周辺のアメリカ軍人と『福生新聞』にみる地元の反応を研究した小澤智子によれば、「横田飛行場[1]」及び「立川飛行場[2]」の周辺には、一時約2,000戸の米軍ハウスがあった。特に朝鮮戦争やベトナム戦争時には、日本に駐留する米軍人数が急増したため、米政府が日本政府や基地周辺の地元民に対して、住居の建設を要請し、建設のピークを迎えることとなる。当時横田基地内に家族用1,800戸、単身用1,200戸、基地外に約700戸の住宅が存在していたという[3]。

　こうして各地に点在している米軍ハウスだが、既存の研究は少なく、主に東京23区内もしくは沖縄県を対象とする傾向にある。しかし近年、東京都福生市や埼玉県入間市に関する考察が見られるようになっている。これらの研究では、米軍ハウスの残存状況、現存するハウスの建築様式、入居実態や活用方法などの調査が紹介されている。占領軍によって日本各地で不動産の接収が行われ、欧米流の生活に適するように改造、新築した「占領軍家族住宅地区」があちこちに出現したことは既に触れた。2021（令和３）年にようやく従来顧みられることの少なかった地域に焦点を当て、現地調査・聞き取り・史料調査等でアプローチし、実態解明を試みた研究成果が出版された[4]。大場修らは、『占領下日本の地方都市』で日本の住宅に持ち込まれた西洋の生活様式が接収解除後の日本人の住生活に何をもたらしたのか、占領軍の要請によって行われた建築事業は日本の建設業はじめ、家具・什器・インフラ等

の技術革新にどのような影響を及ぼしたのかを明らかにし、「接収」の建築史的・都市史的意味を考える先駆的研究を行った。北海道から中国地方までを各地方都市ごとに解明し、当時の軍が撮影した建物写真や地区計画図など、貴重史料図版も多数収録した書籍である。序章で大場修が地方都市の占領空間と接収をめぐる研究背景を整理した上で、14の各論が配置されている[5]【図表4-1】。

　米軍ハウス一般について考察するにあたり、大切なのは、第二次世界大戦後、420万戸もの住宅が不足していた時代に、戦禍から立ち上がろうとしていた日本人にとって問題が深刻だったという歴史的視点である。換言すれば、進駐軍家族の日本での暮らしぶりは、どう見えていたのだろうか、という問いが重要だろう。つまり、圧倒的な物量を目の当たりにし、日本人は敗北感

図表4-1　全国の主要米軍ハウス

場　　所		名　　称
現存	東京都福生市・立川市	アメリカン・ヴィレッジ、バンブー・ヴィレッジ
	埼玉県入間市	ジョンソン・タウン
	神奈川県相模原市	相模原住宅地区、リトル・アメリカ
	神奈川県横浜市中区ほか	根岸住宅地区
	神奈川県逗子市ほか	池子住宅地区
	長崎県佐世保市	針尾住宅地区
	沖縄県沖縄市ほか	キャンプ瑞慶覧
現存せず	東京都千代田区	パレスハイツ住宅地区、ジェファーソンハイツ住宅地区、リンカーンセンター住宅地区
	東京都渋谷区	ワシントンハイツ住宅地区
	東京都練馬区	グラントハイツ住宅地区
	東京都武蔵野市	グリーンパーク住宅地区
	東京都昭島市	昭島住宅地区
	東京都府中市ほか	関東村住宅地区、府中空軍施設
	埼玉県朝霞市ほか	キャンプドレイク
	埼玉県狭山市	ハイドパーク
	神奈川県横浜市中区、長井	山下公園住宅地区、新山下住宅地区、山手住宅地区、ベイサイド・コート、長井住宅地区
	静岡県御殿場市	キャンプ富士
	沖縄県那覇市	天久ハウジングエリア

や劣等感と共に、古い因習を打ち破る自由で豊かなアメリカ的生活様式に、自らの未来像を見ていたのではないか、という仮説である。

　東京都福生市、瑞穂町、昭島市に位置する横田基地の外に民間の借り上げ住宅として建設された一軒家、旧立川基地に存在していたアメリカンビレッジ、ジョンソン基地周辺にあった集落型のハイドパーク、そして基地内のハウジングエリアに建てられた住宅など、米軍ハウスと言っても用途や環境によって形式はさまざまであったが、物質面での豊かさを背景に文化的な影響力を持っていたのが米軍ハウスであった。

　特に福生は1970（昭和45）年頃サンフランシスコから太平洋を渡ってきたヒッピーカルチャーの「聖地」と呼ばれ、日本を代表するミュージシャン、作詞家、作曲家や小説家を輩出、なかでも村上龍が中心にいた。その福生に今でも存在する米軍ハウスは、朝鮮戦争やベトナム戦争時の在日米軍関係者の住宅不足に応えるために建てられ、兵士とその家族にとって母国を思い出すことができる場所だった。例えば（玄関がなくドアを開けるといきなり居間に入るタイプの）ランブラー・スタイルの間取りが特徴だ。これは既述の通り、アメリカで靴を玄関で脱ぐという習慣がないために採用されたデザインである。当時は一種の治外法権地域であり、麻薬や乱交パーティーが開かれていたこともあったという。JR八高線と平行する国道16号に1959（昭和34）年時点で約2,000戸、福生市全体では約１万2,000戸ものハウスが建設された。しかし現存するのは100戸足らずで、安く借りられる広々とした一軒家として、今も芸術家志向の若者を惹きつけている[6]。

　時代と共に朽ち果てていく米軍ハウスを再生し、文化発信基地としてのコミュニティを形成する場を作ろうとしている一例が、NPO法人FLAG（www.npoflag.com）だ。彼らは世代交代によって解体される危機に瀕したハウスを救う目的で、解体される米軍ハウスの「パーツ」再利用を含む、リノベーションを計画したり、地主と交渉して再生事業を提案したりしている。加えて、米軍ハウスを現代風に読み替えさせるレプリカハウスの新築計画も進んでいる。言い換えれば、地域活性化を目的とし、地域資源としての米軍ハウ

スをデザインし直している。これは単に米軍ハウスの複製や量産を目的としているのではなく、その土地独自の「コミュニティと文化を生み出す」ことを掲げているのだ。[7]

　福生同様に、埼玉県狭山市にも、かつて「狭山アメリカ村」と呼ばれた米軍ハウス住宅区があった。後述の通り、ジョンソン基地関連の米軍ハウスが基地返還後一般に貸し出され、1970年代前半には多くのミュージシャンやアーティストが移住して一種のコミューンを形成した。初期にはデザイナー集団や芸大の学生が移り住み、その後には小坂忠や吉田美奈子といった多くのミュージシャンがここに集まり、大滝詠一、細野晴臣、松本隆らによる伝説のバンド「はっぴいえんど」も本拠地を置いた。[8]池袋からも電車で1時間ほどかかる郊外にあるにもかかわらず、都心から移住してくるほど人気があった。まさに生活様式が多様化し、若者が求める居住空間が大きく変化した象徴だったと言えよう。

　狭山アメリカ村の米軍ハウスは今ではほとんど取り壊されて数軒しか残っていないとのことだが、近隣の入間市で同じジョンソン基地関連の米軍ハウスがジョンソンタウンとして整備・保存されている地区がある。[9]1950（昭和25）年朝鮮戦争が勃発した際、兵員増強のため民間に米軍ハウスの建設が求められた。これに応えたのが磯野商会で、24戸の米軍ハウスを建設。その設計施工は、吉沢建設創設者である吉沢誠次が個人で請け負った。彼によると、ジョンソン基地内に日本政府が建てた米軍ハウスを見様見真似で作ったのだという。当時、進駐軍に借り上げてもらうための条件として、水洗トイレ・集中暖房・給排水設備・部屋数などGHQが示した基準があり、どれだけ基準を満たしているかによって賃貸料が決められたという。[10]

　こうした仕様は、日本のそれと大きくかけ離れていた。電化製品、瞬間湯沸かし器、水洗トイレなどを完備した住宅は、そもそも上下水道が整備されていなかった当時の日本人にとっては驚きであった。しかしそうした米軍ハウスも1978（昭和53）年にジョンソン基地が返還されて自衛隊入間基地になり、日本人向けに賃貸されるようになった後は徐々に荒廃が進むようになっ

ていった。1996（平成 8 ）年に磯野商会の磯野達雄社長がこの地区の管理を
引き継いだ頃には家屋も老朽化し、2004（平成16）年には家賃月 2 万円にま
で落ち込んだという。これに対処するために、磯野は渡辺治建築都市設計事
務所に協力を依頼し、この「文化遺産」を改修、保全し、「平成ハウス」を
加えた街並みを創造しようとする「ジョンソンタウン再生」が10年にわたっ
て展開され、2015（平成27）年には都市景観大賞を受賞したのである。こう
してジョンソンタウンは、調査対象として研究者の注目を浴びるようになっ
た。[11]

　建築史家の篠原武史らによると「入間川地区（埼玉県狭山市、入間市）の
米軍ハウスに関する既往の研究はなく、その研究されていない点でも米軍ハ
ウスの研究は貴重」であるという。篠原らは、稲荷山地区 6 軒、入間市春日
町 1 軒、合計 7 軒を対象に調査を行ったが、すべての米軍ハウスで増築が行
われていたことが判明した。米軍人が住んでいたところに日本人が住むよう
になり、居住者の生活様式の変化などから倉庫や下足室が増築されていたの
である。篠原らは米軍ハウスが最小限度の資材と経費で量産可能な簡易な木
造建築であったことが、結果的に柔軟な増改築を可能にしたと指摘してい
る。[12]

　さらに篠原らは、入間地区の米軍ハウスの増改築状況から居住者の意識を
考察した。その結果、全体として米軍ハウスを現代日本の生活様式に対応さ
せるために、下足を脱ぐ場の増築が必要となり、洗濯室や収納スペースも多
く増築された。自らの手で生活しやすい住居づくりを行ってきた居住者は、
米軍ハウスに対しても愛着を持ち、大切に住んでいる。米軍ハウスをオリ
ジナルの形に戻すために、外構計画に力を入れ、庭の整備を行い、住居に対
するこだわりをもって生活していることも判明した。他方、米軍ハウスの賃
料が安いことから住むためだけの居住空間と捉えている人は現状で十分と考
え、住まい方に対するこだわりは強くない。こうした意識の違いも聞き取り
調査から浮き彫りになったという。[13]

　社会学者の塚田修一は、戦後日本における在日米軍基地文化の様相を「狭

山アメリカ村」の成立条件を検討することで考察してみせた。塚田が強調しているのは、占領期の「一方的な影響関係」でも、1980年代末以降の「逆用」でもない、戦後日本社会における流動的な米軍基地文化の様相を描き出すことを目指している点だと言えよう[14]。

　これまで戦後の日本本土における米軍基地文化を論じたものとして、塚田が指摘する通り青木深『めぐりあうものたちの群像』などがある[15]。占領期の進駐軍との音楽的接触が戦後の芸能界システムの基盤となっていったことを説得的に論じる研究群の中で、青木は戦後日本の米軍基地と人々の文化的接触を詳述している。これらは、主に占領下の日本における、米軍基地文化と人々の直接的な結びつきを通して起こった「アメリカから日本への一方向的な」影響関係を描出している、というのである。

　他方、米軍基地が所在する地域社会と基地及び基地文化との関係性を扱った先行研究として、木本玲一「地域社会における米軍基地の文化的な意味『基地の街』福生・横須賀の変遷」難波功士編『戦争が生み出す社会Ⅲ　米軍基地文化』などがある。木本は、米空軍横田基地が所在する東京都福生市及び米海軍横須賀基地が所在する神奈川県横須賀市を対象とし、基地及び基地文化と地域社会の関係性の変容を描出しているが、特に1980年代末以降、米軍基地文化が地域社会にとっての文化資源として「逆用」されていく過程の記述に力点が置かれている。

　こうした既存の研究に対し、塚田は1970年代前半に「狭山アメリカ村」というミュージシャンたちのコミューン成立を導いたものは、彼らのアメリカ文化の〈真正性〉への希求と、米軍ジョンソン基地の縮小と米軍の撤退との「逆説的な結びつき」であり、また地域社会の変容であったとしている。だからこそ、そこでの生活は、米兵やその文化との直接的接触が希薄で、一方的に憧憬が投影されるに過ぎないものでありつつ、「ヴァーチャルでフィクショナルなもの」として認識されていた、というのである[16]。

　事実、アメリカンでポップな音楽を目指した細野晴臣にとって、はっぴいえんど解散後初のソロ・アルバム『HOSONO HOUSE』（1973年）は、狭山

市のアメリカ村に住んでいたとき、自宅でレコーディングしたものだが、「狭山に長くいるうちに、幻想の世界に住んでいるというのがだんだんわかってきたんです。つまり、ヒッピー・ブームの中で……なんかわからないままコミューンみたいのを作ってね、現実にはあり得ないようなアメリカ村みたいなところに住んで」「生活自体が、さっきもいったとおり、アメリカ村みたいなところに住んでいる幻想だったんで、それ自体がひとつのフィクションだということも、どこかで考えていた」という。そして、狭山から東京の落合に引っ越しして、結婚して子どもができる頃、催眠術が解けたというのだ[17]。細野にとっての「フィクション」という感覚を、村上龍が「私が想うアメリカは、実は、どこにもありはしないのだ」と表現している。そして、細野が狭山を引き払って東京という現実に戻っていくのと同様に、村上もデビュー以来10年間エッセイで描き続けてきたアメリカを「実は、どこにもありはしなかった」と1985（昭和60）年に決別する[18]。こうしてバブル期において一区切りつく「ポップな」象徴としてのアメリカは「モノとしての商品とデモクラシーの概念が結合することによって偏在化した近代性の極致」として日本において内面化されていくのだ[19]。

　さて、視点を関東から日本列島の北へ向けるならば、札幌のキャンプ・クロフォードを考察した角らによる研究があるくらいだ[20]。一方、西へと視線を移すならば、京都に関する研究が充実している。西川祐子が京都占領の考察で口火を切り[21]、原戸喜代里[22]、大場修が続いた[23]。また九州を対象とした研究成果は、早くも1983（昭和58）年に片野博が発表している[24]。そして2007（平成19）年に藤田らは、福岡県遠賀郡芦屋町における米軍ハウスの研究も行った。この米軍ハウスは、戦後旧日本陸軍の芦屋飛行場を1945（昭和20）年8月下旬に米軍が接収して建設され始め、やがて「ハウス」と呼ばれるようになった。基地内の官舎地区の米軍ハウスは、1949（昭和24）年に緑ヶ丘の松林が切り開かれ、建設が進んだ。一方、基地外の街中にも米軍ハウスが建てられるようになったのが、1952（昭和27）年からである。家族持ちの軍人が、本国から家族を呼び寄せ始めたからであった。基地内の官舎に住めるの

は、下士官以上で、司令官の許可を必要としたが、来日家族の数が急増すると、基地内の官舎だけでは収容しきれなくなっていく。そこで、米軍から町役場に米軍ハウスを建設して貸して欲しい、との要請があり、芦屋町は土地所有者に打診を始めた。米軍ハウスの家賃は、2万5,000円から3万6,000円で、建築費用は80万円から120万円であった。間貸料が約3,000円であった当時、3年で元がとれる投資の対象としても、米軍ハウス建設が行われた。その結果、町外の人も土地を借りて参入し、数年で250軒の米軍ハウスが完成し、基地が閉鎖される1960（昭和35）年まで建築ブームが続いた。

　米軍撤退後の芦屋飛行場は、翌1961（昭和36）年2月に航空自衛隊の基地となった。それとともに地元民が米軍ハウスの居住者となった。この住宅地には、アメリカの住宅街で見られるようなクルドサック（行き止まり）が採用され、また自由な散策を意図した曲線道路による街路配置は、それまでの日本にはない豊かな住宅環境であった。加えて、クラブハウス、病院、礼拝堂（特定の宗教に偏らない場所として設計された）、購買施設などが用意され、日本側からの接触は遮断され、一つの独立したコミュニティとして閉じた存在であった。住宅は、2〜4軒のタウンハウス形式（連戸建て）を基本とするが、本格的な洋風住宅であり、ベッドとソファが用意され、台所にはさまざまな家庭用電化製品が配置された土足式の生活様式であった。21世紀の現在、芦屋町の6地区に、当時から比べると約半数弱だが、118戸の米軍ハウスが残されている。これらはすべて1952（昭和27）年から1960（昭和35）年に建てられた住宅群である。基地内の緑ヶ丘住宅は、道路や広場、住戸配置など周辺環境も綿密なる計画の下につくられたのに対し、基地外の住宅は個々に建てられた。居住者は、自分たち自身で居住環境を再編成しながらも住み続けてきた。その意味で、米軍ハウスは地域文化の中にしっかりと定着してきたと結論付けられよう。[25]

　沖縄における米軍ハウスの再生に関する研究を行ってきた田上健一によると、1950年代から1960年代にかけて、沖縄では一般に「外人住宅」と呼ばれる米軍ハウス、すなわち米軍基地外の米軍軍人用の民間賃貸独立住宅が大量

に建設された。既述のジョンソンタウンと同様、特に1950年代の朝鮮戦争で、沖縄の基地建設が進み、人員も増員され、基地内居住施設が著しく不足し、多くの米軍軍人軍属が基地外周辺地域に居住することを許可された。これと並行して米軍は地元民間企業に鉄筋コンクリート造住宅の建設を要請し、住宅の仕様は米国内法や米国防火協会人名安全基準、国防省施工基準などを参照することが義務付けられた。基地内住居を規範としたその第1号が1958（昭和33）年に完成し、その後は広範囲で急ピッチの建設が進んだ。1960年代後半、基地内家族用住宅は約5,000戸であったが、ベトナム戦争の泥沼化とともに増員が行われた結果、1970（昭和45）年時点で総戸数は約1万2,000戸であったとされる。[26]

　この建設ラッシュでは、住宅建設企業による組織的な動きに加えて、個人の宅地内に数棟の賃貸住宅を建てる事例も見られた。それは、ドル獲得を目的とした投機の対象としての意味合いが強かった。なぜなら、低価格な土地の借地料と建設コスト、確実な家賃収入など、短期間で投資が回収できたからであった。しかし、本土復帰以降は基地の縮小や基地内住居施設の拡充によって基地外の米軍ハウスの需要は激減した。なかでもタワーと呼ばれた高層集合住宅が基地内に整備され、加えて円高ドル安などの為替要因も手伝い、基地外の米軍ハウスの需要が減った。その結果、次第に地域住民に賃貸、または中古住宅として分譲されるようになった。[27]

　現在では、沖縄の米軍ハウスは一般住居としての使用のみならず、飲食店、物販店舗、事務所など多種多様に再生され使用されている。伝統的な住宅と異なる米軍ハウスにおいて、居住者が主体となった自主的増改築を中心とする住宅の再生が行われてきたのである。そこで、田上は1963（昭和38）年に建設された沖縄県宜野湾市大謝名の大西ハイツ住宅団地を例にとり、住宅再生と居住者による評価について調査を行った。現存する全120戸（外国人居住者［日本人と婚姻を結んだ外国人は、日本人居住者とみなした］は6戸）のうち、建て替えが行われていない104戸を対象とし、対面ないしはアンケート方式の調査に加えて、聞き取りや実測調査が行われた。[28]

同地区の当時の人口は約2,900人で、住宅・商業地区として人口が増えつつあったが、戦前は稲作やさとうきびの生産が盛んな農村地帯であった。各住宅の敷地面積は平均して約300平方メートル、住宅の延床面積は65〜90平方メートルで、最も一般的な間取りは３寝室であった。家族形態は夫婦と子どもからなる核家族が最も多く、居住年数は21〜25年が約４割、16〜20年が約３割と居住者の流動性は低い。そして入居の主な理由は、「モダンデザインが気に入った」という理由が最も多かった。当時、沖縄では木造住宅が主流で、芝生で覆われた敷地と白い外壁の米軍ハウスは庶民の憧れでもあった。また「戸建て」「庭の広さ」といった住宅や敷地条件も重要視されていた。[29]

　増改築の有無に関しては、全体の約９割が「有り」と回答し、最も多かった回数は「二回」で、入居初期は防湿・断熱関連が多数を占め、徐々に個室や玄関など内部増改築が増え、さらに外部空間へと増改築が展開している。こうして大規模な改築の事例は見当たらず、生活に合致させるための比較的小さな再生が居住者によって行われてきた、と田上は結論付けている。[30]

　さらに眼差しをアジアへと転ずるならば、朝鮮半島における米軍ハウスについてまず論じなければならない。1946（昭和21）年７月 GHQ は「日本および朝鮮における家族住宅建設標準」を発し、[31]日本本土に１万6,000戸、朝鮮に4,000戸の扶養家族住宅建設を日本政府に課す。その後1950（昭和25）年６月に朝鮮動乱が勃発し占領軍将兵の移動が激しくなると、米軍と韓国政府との間でさらなる米軍ハウスの建設が進められていくのであった。なかでも「ドラゴンヒル」という別称で知られる龍山在韓米軍基地は、ソウル特別市中央部に位置する龍山区にある。現在の漢江北岸はソウル駅や大統領の官邸「龍山大統領室」が所在し、異国情緒あふれる「梨泰院」や、ソウルの秋葉原と呼ばれる「龍山電子商街」があり、Ｎソウルタワー周辺は韓国人の憩いの場となっている。今は米韓連合司令部が置かれているが、過去には第８軍司令部、在韓国連軍司令部など軍事機構の中枢が集中し、寮、学校、病院、スポーツクラブ、娯楽施設なども存在する米軍ハウス地区があった。

　歴史を遡れば1882（明治15）年、壬午事変に日本軍と共に介入した清国軍

が龍山に駐留し、以後、龍山には常に外国軍が駐留してきた。1904（明治37）年、日露戦争の際に日本軍が兵営を置き、1910（明治43）年に始まる日本統治時代には陸軍の駐屯地となり、朝鮮軍司令部などが置かれた。1945（昭和20）年の太平洋戦争敗戦に伴う日本軍の撤退後、米軍第7師団のおよそ1万5,000人が日本軍の兵営を引き継いだ。1949（昭和24）年に米軍は一時撤収したが、朝鮮戦争休戦後の1953（昭和28）年、再び米軍が駐留し続けることとなる。2022（令和4）年10月、米韓連合司令部がハンフリーズ基地に移転することで、龍山基地にあった主要機能の移転が完了した。ソウル特別市は跡地を公園にする計画を明らかにしているが、光化門の駐韓アメリカ合衆国大使館の移転予定地等、一部敷地は今後もアメリカ合衆国が継続して使用する予定となっている。

　さて、1946（昭和21）年初頭アメリカ戦争省は在外米軍人に扶養家族を国外へ帯同させる計画を立案した。その後この新しい政策決定に基づいて扶養家族として渡韓したイルマ・テナント・マテリ、ドロシー・ハウス・ヴィーマンという2人の女性や、ジェームズ・ホッジズ下士官らが残した手記をもとに在韓米軍ハウス研究を行った歴史家テテジン・ファンによれば、旧大日本帝国陸軍が所有していた土地を米軍が引き継ぎ、いわば継続的植民地主義を象徴するような米軍ハウス建設が始まるのであった。[32]以下で詳述する台湾の事例と異なり、在韓米軍ハウスは、戦時中のテント型の簡易宿舎の後継として建てられたかまぼこ型兵舎（Quonset）を除けば、旧日本軍宿舎とアメリカ型兵舎の融合・混合であった点が特徴的であるという。例えば前者の平屋建ての上に、プレハブ型の2階部分を建て増した住居が例に挙がっている。[33]

　マテリ夫人は渡韓後、最初は2階建ての日本家屋に入居したが、そこには畳敷に西洋風の家具が備え付けられ、韓国人の使用人がいた。数カ月後に彼女たち一家は「近代的なスチール缶」と呼ばれる2ベッドルームの兵舎に移り住んだ。そこはオーブンや電気洗濯機が備え付けられており、周囲は娯楽施設や育児施設も整った「完全にアメリカ風」で米軍関係者だけが住む

安全性に優れた場所だった、と回想している。こうした米軍ハウス建設は、1947（昭和22）年にピークを迎えたが、翌1948（昭和23）年には在韓アメリカ陸軍司令部軍政庁（United States Army Military Government in Korea, UASMGIK）が建設を一旦中止した。しかし、1950（昭和25）年6月の朝鮮戦争勃発によって、状況は急転直下変化し、大勢の米軍兵士たちが押し寄せ、住宅需要が再び高まったのである。とはいえ、沖縄や日独両国に比べるとその数は多くなかった。例えば1963（昭和38）年時点で、西ドイツには米兵が180,049名、日本に50,025名、沖縄に23,808名在留していたのに対して、韓国は2,163名に過ぎない。それは、朝鮮戦争以降の臨戦体制の中で、兵士の在韓期間を13カ月に制限していたこととも関わっている。因みに、同時期の日独両国においては、扶養家族帯同の場合は36カ月、帯同しない場合が24カ月であった。さらに、韓国の場合は、若い兵士が多かったからだとされる。[34]

　韓国同様、台湾における米軍ハウスにも注目すべき点がある。1950（昭和25）年にアメリカ軍が台湾に進駐し、経済支援を行った際、アメリカは中国政府と交渉し、台湾に駐留する米軍の将校を移住させるため、各地に軍属村を建設した。例えば、経済学者クオ＝リャン・チャンらの研究によると、台北市陽名山に建設された住宅群は、文字通り「山紫水明」と呼ばれ、都会の喧騒から離れた静かな環境が米軍に好まれた。217棟の住宅が建設され、台湾における米軍扶養家族用の住宅区としては最大規模であり、入居者の位も高かった。[35]これらの建物は、台湾で最も完成度が高いと言われる米軍ハウスであった。住宅設計とブロック割を決定したのは米軍で、これを受けて台湾政府が建設した。その際、台湾側は設計を変更できなかったためその外観は1950年代のアメリカの郊外住宅に酷似しており、陽明山にアメリカの町並みをそのまま移植したかのようであったという。[36]

　一般的な台湾の住宅と比較すると、米軍ハウスの敷地は広く、80坪の建築面積に芝生の庭があり、軍人の扶養家族には理想的な採光と換気、プライバシーが確保されていた。住宅間の距離も10〜15メートルと充分あって間に通常は柵などはなく、快適な空間を隣人と共有し、子どもたちの遊び場にな

るなど、健康的な公共空間を実現させるものであった。一方、近隣の台湾人は、生活費を稼ぐために米軍ハウス地区に出稼ぎに行った。それに伴って、コカ・コーラに始まり、サンドイッチ、バスケットボール、ハロウィンなど、アメリカ的生活文化の象徴が、次第に広がっていった。陽名山地区の農村は、西洋風の商業的な街並みに変化し、1962（昭和37）年に中国文化大学が設立されると、さらに人口が増加した。こうして米軍ハウスを通して台湾人とアメリカ人の日常生活の中に徐々に在来と外来の文化が相互に浸透していった。[37]

　現代の台湾の都市集合住宅には「販（分譲）」と呼ばれるテラスハウス型の中層集合住宅で、間口が狭く奥行きの深い清朝初期からの伝統的な街屋形式の流れを汲むものがある。これに対して、リビング・ダイニング・キッチン型、つまり公私領域を明確に区分した間取りの国民住宅や民間分譲住宅もあり、台湾の米軍ハウスの間取りと住まい方に関する研究を行っている青木正夫によればこれらは日本と同様にアメリカの影響を強く受けているという。青木は米軍ハウスに現在居住している台湾人の住まい方について報告している。青木らが調査した米軍ハウスは台中市と台北市に残る13戸で、外貨獲得を目的として1950年代初めに銀行が経営主体となり建設されたものである。マスタープランは台湾側の設計者がアメリカの建築雑誌を参考にして作成し、国防部軍事工程委員会（MCC）に提出、MCC内のアメリカ軍による審査を経て、標準平面が決定された。その特徴としては、まず入り口はリビングの前面に位置し、独立したリビングとダイニングは共に広く、キッチンが別に配置され、そして2〜3室のベッドルームがある。このベッドルームのうち、一番奥にあるものの規模が大きく、マスターベッドルームとして設計された。また、米国側の要望を受けて、暖炉とポーチも設置された。さらにメイド用の部屋がキッチンの後方に設けられるようになった点も日本のそれと類似している。調査時にはここに夫婦と子どもという4〜5人の核家族のサラリーマン世帯、特に台北市では医者や大学教員など社会階層が高い世帯が主に入居していたという。[38]彼らはどのように米軍ハウスに適応していたのだろうか。

台湾の伝統的住まいで最も重要なのは「客庁」と呼ばれる空間で、祖先や神々を祀る祭祀機能も兼ね備える、接客を目的とした場である。今日では、儒教思想の希薄化や核家族化を主な原因として、祭祀の役割は薄れつつあるが、接客空間あるいは家族の団欒空間として今も中心的位置を占めている。米軍ハウスにおいては、玄関というものがないため、全戸において入り口のあるリビングが接客と団欒を行う客庁として利用され、13例中10例では空間的に連続しているダイニングで食事をするというリビングとダイニングの分離が行われた。また履き替えを考慮に入れない間取りの米軍ハウスでは、靴の置き場などの履き替え空間の確保が大きな課題であった。結果としてリビングの隅に下駄箱を置き、下足を収納する形式が一般化した。ただし、客用とは別に家族の下足場としてキッチン横の勝手口や裏側の物干場を使い、住宅の裏側で履き替えを行う場合もある。調査では5割が頻繁に、3割が時々は床座するとしており、履き替え方式が一般化した米軍ハウスにおいて椅子座を基本としながらも、時に応じて床座を取り入れた起居様式が認められている。

　さらに米軍ハウスの寝室構成は、最も広くバス・トイレに隣接する主寝室、ベッドと勉強机がしつらえてある複数の子ども用寝室からなる。興味深いのは、主寝室が就寝機能のみならず、夫婦の居間的な機能も付加され、場合によっては夫婦の親しい友人の接待まで行われている点だろう。つまり、夫婦同士や友人との語らいの場としての機能も果たしているのである。このように台湾の米軍ハウスでは、公と私が明確に分離された居住空間が設計され、現在は新しい生活様式の中で利用されている。[39]

　こうして第二次世界大戦後の日本のみならず、アメリカ軍が進駐するアジア各地で建設されていった米軍ハウスの文化的影響力は絶大だったと言えよう。外地からの引揚者であり、占領軍扶養家族住宅の設計監督に従事した建築家上田次郎は『進駐軍家族住宅図譜』を著してその概要について記録している。その中でこれらの建物が一時的占領のために用意されたものなので、永久的な建造物ではない簡易な住宅であることを認めつつも、「吾々が本施

設を通じて米本国の文化生活を想像して今後の生活態勢に其の範を取り入れるには充分と考へる。勿論吾々の現在生活程度の対照としては其のまま参考とするには、豪華すぎる點も有るが規模は小さくとも、住み心地、機能を萬點に迄で発揮させ得れば今後の生活体制に善処し得るものと思料する」として、最後を締めくくっている。第二次世界大戦後の圧倒的なアメリカ文化の影響力が見て取れよう。

第5章
生活空間で繰り広げられた「遭遇」

　戦後日本の生活空間、なかでも住宅形式がいかに形成されたのか。その過程について研究するためには、まず当時のアメリカの住宅近代化の状況を文献から明らかにし、日本の住宅形式のアメリカ化促進の背景について考察する必要がある。新しい生活様式が大量に流れ込んだ戦後の20年を対象期間として、アメリカ近代住宅とその背景にある建築思想を解明した上で、アメリカ人が関与した住宅と日本の建築作品、商品住宅について分析し、間取りなどへの具体的な影響について検証しなければならない。研究対象の選択については、当時いち早く情報に接した建築家による住宅、なかでも本書が扱う米軍ハウスを中心とし、占領期以降に登場する住宅金融公庫や民間会社による住宅などの潮流も視野に入れなければならないだろう。[1]

　戦後日本における住宅形式のアメリカ化促進は、その背景に新しい家族像の誕生と女性の解放がある。なかでも戦後の民法改正による「家」社会の崩壊、厳しい経済状況、都市化という流れの中で、親族的血縁関係から独立した「核家族」が増加した。このような核家族も社会の基礎単位であるという観点から、家族内にも社会性を持ち込み、個人の自覚を促そうという動きがあった。そこではアメリカの生活様式が参考にされ、家族が共有する団欒の場としてのリビングルームの重視、公私室の分化が推奨された。また、家族関係も夫婦＋子どもという意識が高まり、両者のプライバシーを重視する傾向から個室化が進んだ。また家庭教育の面からも子どもの社会性・独立性を尊重して子ども部屋が推奨された。[2]

　女性の参政権や婚姻制度の改革など男女同権思想の普及が進む一方で、女性の地位向上は家庭内でも進められ、アメリカ婦人の家庭生活などが積極的

に紹介された。そこでは、合理的生活のための台所や収納空間の改善、日々の生活プランの立て方などに関心が集まり、家事労働を軽減するための家電製品の導入、あるいは家族で家事を分担する方法などが、アメリカを参考に提案された。全国家具連盟は新しい生活文化創造の担い手として1948（昭和23）年に業界誌『ファニチャ』を創刊し、記事「アメリカに学ぶもの」の中で「第一に真面目に取り上げるべきは厨房——台所の様式」だとして「新しき時代に、より高い地位を、男女同権と言ふ言葉でしばしば表現されてゐるその地位を獲得した女性の新しい生活の形成と最も大きな連関のある問題であり、それだけに女性によって最も眞剣に考へられるべき問題なのである」と新しい家づくりの中で女性の重要性を説いた。ただし注意すべきは「猿真似」をしないこと、つまり「吾々が一番学ぶべきものはさうした合理的生活態度そのものであって、純白に塗られた冷蔵庫の様式そのものではないのである」と結んでいる。

　敗戦直後の占領期に多くの日本人の目に触れることとなったアメリカ式生活様式だが、実際に生活をしている米軍家族と遭遇したのが、日本人メイドであった。そもそもメイドとは、英語の maid を借用したもので、日本の家庭で働く家政婦とは区別して、米軍家庭の家政婦を指す言葉として使われるようになった。メイドの応募者は、学歴が高く、基本的な英語力を持つ現代女性が多かった。米軍扶養家族住宅で働いていた約2万5,000人のメイドは、米軍人の主婦たちからアメリカの生活様式を学ぶために、現地でさまざまな訓練を受けた。彼女たちは、占領者と被占領者の間の重要な仲介役であり、日常生活における異文化交流の不可欠な要素であった。米軍家族の流入は、日本人にさまざまな新しい職業をもたらしたが、その中でもメイドは最も人気のある職業の一つであった。戦後初期のジェンダー史を専門とする坂井博美によると、1950（昭和25）年の国勢調査によれば、「女中（個人の家庭の）」は約23万4千人、「派出婦」が約1万3千人、「その他の家事使用人」は約3万3千人（うち約1万1千人は男性）おり、1960（昭和35）年の段階で家事使用人は「紡織工、事務員、販売員と共に女子の4大職業の1つ」と言われた。

歴史社会学者の佐草智久は、沖縄の基地内外で米軍あるいは英連邦軍の軍人及び軍属とその家族を対象に家事介護労働に従事した女性たち＝メイドについて報告している。この職業の定義・呼称は勤務地（基地の内外）、勤務先（家庭か兵舎か）、雇用関係を結ぶ者の身分（将校か一般兵か軍属か）などによって異なるが、勤務内容と業務内容で分類し、基地内及び基地外の住居で働く家庭メイドと、独身将校宿舎（Bachelor Officer's Quarters, BOQ）・将校用外来宿舎（Visiting Officer's Quarters）・一般兵用などの兵舎で働くメイドに分けられた[5]。沖縄市立郷土資料館の廣山實によれば、占領開始当初のメイドは大多数を占めていた単身赴任軍人の世話をすることが多かったが、扶養家族向け住宅の建設が進み本国から家族を呼び寄せることが許可されると、こうした家庭でもメイドが働くようになり、それまでの掃除や洗濯中心から子守を含めた家政全般を任されるようになっていく[6]。

　普久原朝健らが行った聞き取り調査によると、24人中の15人はメイドとして働き始めた年齢は20歳以下であった[7]。調査の結果を受けて「異文化の中で厳しさを知り、そのリスクの大きさにひるむことなく、職を求めてアメリカ軍の基地内外へ飛び込んで行った少女たち。考えることよりも、生きることが先だった時代、少女たちは親元を離れ、肉親の暮らしぶりを思いつつ、家の為、現金収入の得られるメイドさんへと自らの意志で勇気ある行動をとった」とまとめている。「生活文明の違いに戸惑いつつも、栓をひねれば水が出、コンロに火が点く。冷蔵庫やテレビのある生活は、同じ日々の生活を送っていても、フェンスの中と外とでは大きな違いがあり、娘心に大きな影響を与えた。いつしか、自分もカーテンのゆれる家に住めることを夢見つつ一生懸命に働いた。週末には家に帰ることが許されているが、少女たちはおいしいものが食べられ、気楽に仕事ができるので、帰りたくなかったという声も少なくなかった。また、家に帰るときの楽しみは、雇ってくれたアメリカの家主がお土産を持たしてくれることと、ジーンズをはいて帰ることができるのが唯一の楽しみで誇らしかったとも言っている。メイドの仕事が新しい世界を夢見る少女たちの『あこがれ』の的の仕事であった」という様子

が聞き取りからわかる。その後のページには「絵で見るアメリカ世とウチナー世の違い」として家電に囲まれ快適な暮らしを送るアメリカ人女性と井戸や竈を使う昔ながらの日本人女性の暮らしが対比されたイラストも掲載されている[8]。アメリカの近代的な米軍ハウスで働くことのできるメイドという職業は少女たちの羨望の的になった。

　米軍ハウスのメイドという職業が以前から日本の家庭で雇用されていた女中やお手伝いさんなどとはランクの差があったことが、当時のさまざまな雑誌記事からも窺える。1947（昭和22）年12月の『女性ライフ』には「女の職業学校訪問」と題してタイピスト、洋裁デザイナー、栄養士、ヘアスタイリストの学校と並んで進駐軍メイド養成所が写真入りで紹介されている。「日本の女性はこんなにもよく働き、こんなにも忠実だったのかと言われるように、この人達が働くことに依って、米國人の日本人を見る目が新しく開けるかもしれない」「日本の外交を家庭の仕事の中から始めてもらいたい」など小さな外交官だと説明、一方で「身近かに米人の生活を観察する実に良い機会を持つた訳だ。その生活の中から、将来の日本の主婦としての新しい収穫が彼女等にもたらされることであろう」とその利点も説いている[9]。

　また『主婦と生活』1948（昭和23）年11月の記事「学ぶところの多い米人家族の生活――進駐軍さんの座談会」は、米軍ハウスで働く４人のメイドが、メイドの役割やアメリカ人の雇い主のライフスタイルについて座談会を行ったものである。掃除機、洗濯機など便利な電化製品を羨ましがったりしているが、アメリカ人の夫は台所を手伝うことも厭わないし、奥さんに靴を取ってくれと言われればとってあげて穿かせてまでくれるなどのエピソードをあげて「……家庭ではどこまでも奥さまが上なんです。例えば席はいつでも奥様が上座にすわります。自動車も奥様がさきに乗って、何でも奥様第一ですけれども精神はどこまでも旦那様を立てていらっしゃるんです」と家庭における妻の立場が強いことにも感心している。待遇についても「いいことは、向こうはメイドだからってバカにしないわね。日本だと女中は台所でお食事しますけど、わたしたちは奥さんと向かい合って食べるんです。気持ちがい

いです。同じお皿で同じおかずですもの」と満足そうである[10]。

『女性の友』の1949（昭和24）年3月号では特集記事「人気職業入門案内 ここに貴女の生きる道がある」で、歌手、女優、美容師、作家、ジャーナリスト、警察官、ダンサーなどと共に米軍ハウスのメイドを望ましい職業の一つとして取り上げ、「清潔第一、効率第一のアメリカ式。日本の家は暗くて憂鬱ですが、アメリカの家での仕事は楽しくて気持ちがいいという人が多いですね。……ほとんどのメイドは雇い主の家に通うが、中には住み込みのメイドもいた。彼らは"キーパー"と呼ばれて、キーパーになると、彼ら（アメリカ人）の食事を1日3回食べることができ、月に4,000〜5,000円程度の給料がもらえるのがいいところです。一方、通勤して朝8時から夕方4時まで働くメイドは、最初は月給3,000円くらいでしょうか」と紹介、記事の最後は「（扶養家族で）訓練された若い娘たちが自分の家を持てば、この近代的な生活様式を活用し、日本の新しい生活様式を作る主役になるだろう」と締めくくっている[11]。

また1949（昭和24）年4月発行の『婦人画報』には、当時グラントハイツの日本人管理事務所労働部長であった川名完次が当時のアメリカ人の家庭で働くメイドたちのあるべき姿を綴った「新しい女中さん學」が掲載されている。清潔さ、正直さはもちろんのこと雇用者それぞれの家事スタイルに適応する能力が最も重要だとして、朝食の準備でも卵の焼き方、塩コショウの味加減、トーストの焼き具合からコーヒーの淹れ具合まで、カンを働かせて主人の口に合うように準備できるようになればメイドとして一人前だということらしい。しかし掃除や台所仕事など家事のやり方などは日本式と余りにも違うため必ずその方法を雇用主に確認することも重要だと説き「日本の女中式に、なんでもクルクル動いてさえいれば能率があがるというのとは、だいぶん趣きが違ってくる」としている。記事に添えられる洋服にハイヒールを履いた女性のイラストは、当時のメイドのイメージを具現化したものかもしれない[12]。

メイドが米軍ハウスで働くにあたっては、日英両語で書かれたマニュアル

が存在した。例えば『アメリカ料理　米人家庭の調理室から』は、『若草物語』の邦訳で知られる松本恵子が、日本人女性のためにアメリカの料理と家庭経営の入門書として書いたものである。前書きには「アメリカの家庭生活は主婦に最大限の暇を興えるように構成されています。若しここに掲げたアメリカの家庭生活に関する様々な示唆が、もっと幸福な日本を築く為に家庭生活の立て直しをしようとしている日本女性の助けともなれば、大変に嬉しいと思います」とあり、4人家族の基本的なレシピや、掃除の仕方、テーブルマナー、メイドやコックと雇い主の会話例など、家庭の管理方法について丁寧に解説されている。

　メイドに応募してきた人たちの理由はさまざまだが、比較的高い賃金や英語力の向上が期待できること、あるいはアメリカの家庭生活を体験できることなどに惹かれるところが大きかった。彼女たちは料理、掃除、育児、テーブルマナーなど、新しい家事技術やより良く構成され効率的に見える家庭の運営について学ぶことに熱心であった。そして、アメリカの主婦が買い物に行ったり、家族でパーティーを開いたりできるのは、「家政学」のおかげだという考え方が一般的になった。実際、占領下の日本に赴任した多くのアメリカ人主婦にとっても日本での生活は想像を超える贅沢なものであった。家事のプロ化は、新日本のモデルとしてのアメリカの家庭生活を移植した結果起こったのである。[13]

　さらに、新井太郎編『ヂープのある家——ハウス・メイドの手記』は、4人の住み込みメイドの日常を事細かに記録した貴重な史料である。序文を書いた我孫子覚三は、1946（昭和21）年終戦連絡中央事務局人事課の連絡員として30軒ほどの米国佐官級家庭を担当し、接収家屋の日本人使用人に関して世話をした経験を持つ。彼はその経験に基づいて、米軍家族の実像を伝える本の誕生を心待ちにしていたという。一方、第一月刊社編集長で本書を編んだ新井は編集者の言葉として冒頭に「本書を若い日本人におくる　とくに日本の若き女性におくる」と記している。そして「本書は、日本の中流以上の家庭に生まれ、日本の若き女性として教養の高い三人の女性が進駐軍人とし

てのアメリカ将校の家庭にメイドとして勤務した体験記をまとめたものである。アメリカ人は、われわれ日本人から見ると、遥かに民主的に合理的に家庭生活を営み、強い社会的正義感と開拓者精神をもつて公私の生活を処理している。われわれ日本人が日本を再建する第一歩は、この美点を学び、まず身辺を処理し、国家の転進を思わなくてはならない。女性、とくに若い女性の自覚がその第一歩を決定する、と私は考える」と続ける。[14]

　占領空間では日常的な接触において、日米相互の影響は双方向に及んでいた。一般的には、主体が占領軍家族、客体は彼らを支える日本人ということになろう。この関係性について興味深い例として検討したい。2LDKタイプの米軍ハウスには、アメリカ人家族のベッドルームに隣接する風呂トイレ、それから壁を隔てて住み込む日本人メイドの部屋に隣接するトイレがそれぞれ置かれた。つまり、2つのトイレに別れているのだ。問題は、なぜなのか？という点だ。GHQのデザインブランチでチーフ・デザイナーとして働いていた網戸武雄は、アメリカから持ち込まれた人種差別が理由だとする。黒人メイドとトイレを共有したくない白人家族が別にしていたというアメリカ建築史上の伝統が戦後日本に輸入されたのだという解釈である。これに対して、日本住宅建築史をひもとくと、戦前日本における上層階級住宅でも、住み込みの女中部屋には隣接して彼女たち専用のトイレが設置されているのが見て取れる。すると戦前住宅の名残が戦後の米軍ハウスにも取り入れられたという仮説も成り立つ。日本の戦後は戦前と断絶しているのか、継続しているのか？　占領研究をはじめ、戦後日本史研究では必ず論争点となる話題が、第二次大戦後の占領生活空間における遭遇にも見て取れるのは興味深い。さらには、トイレをめぐっては占領アメリカ人家族と被占領日本人メイドとは、真の意味での交流をしない程度の遭遇だったのか？　という問いにもつながるだろう。

　さらにサンフランシスコ講和条約が結ばれ、占領期の検閲が終わりを迎えると、センセーショナルな報道が行われるようになり、メイドをめぐる言説に変化が見られ始める。例えば、1953（昭和28）年3月には『週刊サンケイ』

が「人権蹂躙か、米駐留軍メイド検診の波紋」と題して東京都立川基地を例に取り、米駐留軍に雇われているメイドに性病検査を強要することは人権蹂躙ではないか、と追求する記事を掲載した。2月末に国会の外務委員会で質問に立った福田昌子代議士が、普通の勤労女性を売春婦まがいの扱いで貶めているとして外務大臣に詰め寄り、大臣が事実であれば直ちに中止するとの答弁を行ったにもかかわらずその後も「局部検査」が続けられていたことが問題視された。結果として、全駐留軍労働組合が世論に押されて動いたことも手伝い、3月12日に外務省から米軍へ申し入れが行われ、男性医師に代わる女性医師を募集することになった、と報じられている。[15]

　続く1953（昭和28）年6月には『週刊読売』が「一時は現世のシンデレラとまで自負していたのが」「メイドとパンパンは紙一重と言う印象を与えてしまった」と報じて、上記の立川基地における強制検診事件を取り上げつつ、全国で何万を数える外人家庭のメイドの厳しい労働条件と不安定な身分について「日本の悲劇」として報じたのである。以下で詳述するように、「最初は公務員、今は下僕」という身分の変化を問題視し、「米軍側では日本の労働関係諸法規は一応尊重する建前をとっていた。しかし実際には空文に等しく……昨廿六年七月一日、サービス関係業務にたずさわる者は一せいに解雇され、改めて軍及び個人の直接雇用に切り替えられたことによって、国家公務員の身分を失うことになった」と解説している。その結果、メイドは家内従事者として扱われることとなり、一般勤労者が享受している失業保険、健康保険厚生年金、期末手当などの対象外になってしまったのである。[16]

　同誌の神崎清記者は「悲しきシンデレラ」と題して、次のように書いている。「進駐軍という言葉から後光がさしていたころは、ハウス・メイドも、きわめて高級な職業のように思われていた。朝から晩までゾウキンのようにこき使われる日本の女中とちがって時間ずとめである。サラリーも悪くない……安っぽいシンデレラ姫のような感じであった」が、しかし「講和が発効するとともに」「幻滅の時代」が到来し「検診問題が表面化してくると、世間からはまるでパンパンあつかいである……［立川］基地のパンパン1905名の中

で三割の509名がメイド出身者であった」と論難していた。こうしたいわゆる「転落」について1958（昭和33）年には『週刊新潮』が「第五空軍司令部女子寮『中間的自由恋愛』の基地」と題した記事でやはりセンセーショナルに報じている。[17]

　このように労働環境が急変したハウスメイドを含め、日本の家事労働者に関する研究においては、占領期が検討の対象とされることがほとんどなかった。近代以降を対象とした家事労働者に関する歴史的研究は1990年代前後から増加したが、そのほとんどが戦前を主な対象としており、戦後について触れている論考においても、それは家事使用人の消滅に向かう流れとして簡単に言及されるのみである。例外は清水美知子と小泉和子で、前者は明治から高度経済成長期までを扱い、「第5章：戦後復興期の女中」『〈女中〉イメージの家庭文化史』内で本書が注目する占領期のメイドについても詳述している。また後者が編集した『女中がいた昭和』の中で坂井博美・玉城愛が「第7章：占領軍家庭のメイド」を著している。[18]

　近年、戦後初期の女性労働改革を、ジェンダーの視点から批判的に検討する論考も登場している。例えば豊田真穂は、GHQ/SCAP、日本政府、労働者側など多様な主体に焦点を当てて、占領期の女性労働改革を再検討した。また姫岡とし子は日本とドイツの「労働」や「労働者」の「ジェンダー化」を比較史的に検討し、女性を脆弱で保護すべき存在とみなす認識が、近代的ジェンダー秩序を構築する働きを果たし、女性を二流の労働者に固定化する結果も招いたと論じている。[19]こうして長い間、家事労働者の労働は、社会において、そして女性解放思想の中でも、不可視化されていたのであるが、現在の研究上の枠組みもまた同様の問題を孕んでいるとはいえないだろうか。そしてこの点は、研究で前提とされている「労働」観の枠組みの妥当性にも関わる問題と考えられる。[20]

　米軍ハウスで雇われていたメイドたちは、労働運動に参加し、その過程で労働基準法の適用要求も掲げたという経験を持つ。メイドたちによる運動の発生経緯は以下の通りである。まず占領初期には、占領軍家庭で雇われたメ

イドを含む占領軍の労働者たちの雇用主は日本政府であり、給与は終戦処理費から支出されていた。メイドたちは国家公務員一般職、その後、国家公務員特別職と位置付けられた。しかし、占領末期の1951（昭和26）年7月、米占領軍で働く日本人労働者の給与の財源はアメリカ側が負担することになった。ただし、多くの職種ではそれまでと同様に日本政府が雇用主となり、米軍は使用者として監督指揮を行う間接雇用が維持された。しかしメイドやPX（スーパーマーケット）やクラブの売子などは、個人や事業主などによる直接雇用となった。この直接雇用への切り替えは労働者に不利になるとして問題視されたが、特にメイドに関しては、労基法や健康保険法、失業保険法等の適用から除外される、または除外されていたという事実が表面化した。メイドたちの中には、軍労働者の労働組合である全駐留軍労働組合（全駐労）に加入して、労働運動を行う人々も現れた。1953（昭和28）年に全駐労が全国統一ストを行った際、練馬に建設された米軍ハウス地区であるグラントハイツで働くメイドの中からも運動に関心を持つ人々が増え、その後、約300人が全駐労に加入した。そして、関係省庁に社会保障の適用及び国会でこの問題を取り上げることを求め、全国の駐留軍宿舎の宿舎要員に対して署名運動が行われるという動きが登場した。そして、1954（昭和29）年2月には全駐労中央執行委員長の名で、駐留軍家族宿舎要員に対する労働保護の要請書が衆議院労働委員会に提出された。[21]直接雇用への移行による変化について、要請の中で以下のように訴えている。

　　駐留軍労務費の支出方法の変更によって、米人個人による直接雇用の形態となったのであります。これら家族宿舎要員については、爾後労働基準法や健康保険法、失業保険法等の一切の社会保険法の適用から除外され、疾病または負傷の場合は、当然のごとく雇用契約は解除され、苛酷な労働は強要され、賃金引下げは継続して行われる等、占領中に倍加する劣悪な労働条件下にありながら、何ら国内法による保護を受けることなく、基準法上の家事使用人として放置されていることは、本組合と

しても人道上このまま放置することはできません。[22]

　これは1954（昭和29）年3月3日に開催された衆議院労働委員会で取り上げられることになり、グラントハイツでメイドとして勤務する牛島寿子が参考人として招かれた。「私は成増にありますグラント・ハイツの米人宿舎に勤務しております牛島と申します。私ども普通の言葉でいわれていますハウス・メイド、ハウス・ボーイというものが全国に二万四千ばかりいるといわれております。私どもの成増におきましては、大体千五百名おります」と証言した。[23]

　彼女は、宿舎要員の労働環境について意見を述べ、グラントハイツのメイドの労働条件の悪さを説明した。「基準法を受けていない上に、キャンプ・トーキヨーというところから一切の指令が出て」いる「それによって給料のわくなんか、いろいろこまかいことに対する規則がありまして、そういうものは一括されて私たちの上にかかつて来るわけなんです。それに対して、給料のわくはあるのですが、時間のわくが」なく、「朝から晩まで使われるという形が多い」とし、仕事内容も、ワックスを使っての床磨きや、電気器具の多用など「非常に日本人の家庭よりも重労働」であり、さらに、雇われ先を辞める場合、成績表がつけられるが、恣意的な評価がなされ、それが次の雇用先への就職にも影響する、なども挙げられた。[24]

　前出の全駐労による要請と同様、牛島も切り替えによる変化を「昭和26年6月30日までは国家公務員特別職でございまして、それまでは日本政府の終戦処理費からまかなわれていたのです。……国家公務員でありましたので、労働基準法や健康保険、失業保険等、国内法によって保護を一切受けておりましたが、それ以後家内使用人のわくに入れられたために、そういうものが全部なくなった」と認識している。その上で「ぜひ何とか一番初めの政府雇用の形とか、あるいはそれがどうしてもできなければ、少くとも基準法の適用だけでも受けさしていただければ、今の実情から少しはいい状態になれるのじやないかと思ってお願い」したい、と要求を述べた。[25]

　だが、答弁の中で、亀井光労働基準局長は、「私らの解釈は、昭和26年の切りかえ前、すなわちLSOでやりました当時から、家事使用人という解釈のもとに今日まで来ておる」と、そもそも当初から労基法からメイドは除外されていたなどと答えており、全駐労側の認識とずれが見られる。[26]

　亀井の一連の答弁を受け、中原健次委員は、「使用しようとする相手側の米人は、実際は大体軍事的な立場におる人たちということになる」という力関係、及び「風俗、習慣、言語」などの点で、日本人家庭の家事使用人とは状況が異なるとして、なんらかの措置を求めたが、亀井は、メイドはあくまで労基法から除外され、例外は認めがたい旨を強調、「日米合同委員会等にこの問題を取上げていただきまして、使用者側の反省を促す、あるいはこれによって全体の労働条件の改善をはかる」などといった解決案を示唆したのであった。[27]

　メイド以外にも日米文化交渉を垣間見ることができる史料として、例えば代々木にあった米軍ハウス地区であるワシントンハイツについて書かれた記事も取り上げてみたい。1947（昭和22）年12月11日『サン写眞新聞』という写真新聞には「"楽しい天地"　ワシントン・ハイト」と題して豊富な写真とともに記者がワシントンハイツの生活を見学した感想が掲載されている。子どもたちが庭で笑い、ゲームに興じるアメリカの家庭生活の牧歌的な光景が描写され、物質的な欲求がすべて満たされた幸福な場所であることを暗に示している。写真には、米軍主婦のためのいけ花教室や、週末旅行のための品物が詰まった買い物かご、キャプションによればアメリカから輸送された野菜から肉まで何でも売っていたPXなどが写っている。[28]

　一方で民間検閲局（Civil Censorship Detachment：CCD）がこの記事の原稿を検閲した記録もまた残っている。記録の日時は1947（昭和22）年12月2日、新聞の発行される9日前である。検閲官はCCDの手続きに従って、この記事原稿を英語に翻訳し、上司が検閲の最終判断をする。そこには「Passed」の版が押されてあり通常は検閲措置が取られなかったことを示す。しかし上部には2枚の写真が削除されたことがメモされている。さらに原稿

には存在していた「私の目は突如、1946年製のカデラックの窓ガラスに映る
カビのようにみすぼらしい日本人清掃婦の姿をとらえた。このコントラスト
は、まるで目まぐるしく変わる夢のように印象的だった」という最後の一文
も新聞発行時には掲載されることはなかった[29]。

　1949（昭和24）年7月の『家庭科学』では、「ワシントンハイツ幼稚園見學記」
と題して、発行元である家庭科学研究所が主催したワシントンハイツの幼稚
園への見学会が紹介されている。参加した学生の一人である山崎加譽が報告
したもので、アメリカの幼稚園の施設に驚いている。ただ遊ぶだけではなく、
遊びの中で生きる力を養う設備が整っていたのだ。人形用の哺乳瓶、電話に
アイロン、テーブルのナプキンにはカトラリーにメニューまで添えられてい
る。おやつを食べながらテーブルマナーを学び、おもちゃの車にはガレージ
もあって故障したときの修理やガソリンの入れ方まで学ぶことができるとい
う。幼稚園は遊びの中に実生活を取り入れて、こうした小さな頃から社会に
同化する訓練をし、人格を尊重する生活が展開されている。子どもたちに責
任ある市民であることを教えているのだと、彼女は大変感心している。これ
は占領軍による戦後日本の民主化教育の一環としても読むことができよう[30]。

　ワシントンハイツ訪問記としては、女性誌『自由婦人』編集長の浦口静子
が寄稿した「アメリカ村を見る」と題した報告もあり、「アメリカの町は、
楕円形の芝生を囲むように家が建っていて、日本の家が藪やフェンスに囲ま
れて孤立しているのとは違って、共同体という感じがする……キッチンはと
てもよく整理されていて、とても美しく、効率的な生活の象徴のように思え
た……キッチンカウンターの上には、花瓶に入ったコスモスだけが置かれて
いた……これらはシンプルで素早く建てられた家だと言われる。しかし、日
本人である私たちに、今の日本の生活環境がいかに貧しいかを実感させる」
と感想を述べている[31]。

　確かに物質的な意味においては、敗戦後の日本の貧しさは否定できまい。
しかし、精神文化はどうだろうか。第二の開国を機に、国際化を目指した草
月流いけばなを例にとって考えてみよう。いけばな草月流の創始者である勅

使河原蒼風は1949（昭和24）年4月に流派の専門機関誌『草月人』を創刊した。創刊を彩る「いけばなの國日本」と題した記事で、花を飾らない国はないけれども、花のいけ方を教える職業の人が、これほど沢山いる国は、どこにもないだろう、と強調している。そして、近代日本は「たいていのことを西洋から学び、西洋のものに習って来たのである。ところが、花だけは今までのところ、外國の方から日本に学ぼうとされるだけのものを持っている」と自負している。つまり、明治開国以来、欧米諸国から学ぶ一辺倒だった日本が、世界に向けて発信できる独特な文化資産を有しているのだと訴えた。そして、その一因を豊かな植物に恵まれ衣食住いずれをとっても、植物性とでも呼べるような植物本位の生活を送ってきた歴史に求めた。

　勅使河原が表現した通り、占領空間においては日常的な接触において、日米相互の影響は双方向に及んでいた。米国国立公文書館所蔵の写真には、陸軍省のラベルで"Army Wife Explains American Styles to Japanese Servant Cook"（米軍人夫人がメイドにアメリカスタイルを説明）と記されている。これを額面通りに理解すれば、主体は米軍将校の妻、客体は家事補佐をする日本人メイドということになろう。しかし、この写真に写っている日本人女性は、箸を片手に料理を行っている。アメリカ人女性は日本人の使用人にアメリカ式の家事を指導していたが、当然のことながら日本人女性も一方的にアメリカ人から教え込まれるだけではなかった、と言えないだろうか【図表5-1】。

図表5-1　"Army Wife Explains American Styles to Japanese Servant Cook"

話をいけばなに戻すと、勅使河原は敗戦国に身を置く者として「いろいろ
の面から現在のいけ花を、批判し、検討し、名実共にいけばなの國日本であ
ることを喜び合える様にしたい」と願った。だからこそ「今にアメリカの人
から逆に指導をうけるようなことが、いろいろと出て来ないとも知れないの
で、私はアメリカ人を教える教室で、アメリカ人の研究態度やその作品を見
て……すべてをまず合理的なものにする習慣とか、何事も生活のために必要
とさせよう、調和させようとする態度といつたようなものは、やがていけば
なにしても独特のものを造り出すのではないか」と考え、「明るい、新しい、
いけ花の型式が素直に沢山出て来るように思われる[34]」と結んでいる。ここ
で彼が「アメリカ人を教える教室」と呼んでいるのは、丸の内の米軍将校の
施設「バンカース・クラブ」で毎週火曜日の午前10時から夜8時まで開催し
ていた教室のことで、マッカーサー元帥夫人をはじめ進駐軍将校夫人たち
300人程がいけばなを習っていたのである[35]。

　創刊号巻末の編集便りには、「ミセス・テーリー、ミス・エヤーは共に先
生の直門で熱心な研究者ですが、外人のいけばな観として傾聴すべきもの」
との記載がある。リリアン・テーリーは空軍大佐夫人にして草月流師範にな
るために家元の指導を受けた人物である。彼女は勅使河の論調に呼応するよ
うに「西洋流のいけばな」と題した記事の中で、「進駐軍の家族がアメリカ
人の社会に戻った時にいけばなの復興を見ることは明白です……いけばな
が、大部分のアメリカ婦人が自ら好んでではないにしろ必要に迫られて従事
している職業である室内装飾係の、正式な訓練の一部を占めるであろうこと
は、ありそうな事に思われます」と予想する。そして「私の考えでは、アメ
リカの婦人は皆花の芸術的な生け方に興味を持っています。そして彼女の方
法を学んだ手と、色と形について修練を積んだ目によって、アメリカの家庭
の内部は、現在の日本に於いて進行中の研究の御蔭で大いに美しさと優れた
趣味に於ける向上を遂げることでしょう」と結んでいる[36]。

　また、占領軍経済科学局に勤務し、勅使河原蒼風の指導を受けたバージニ
ア・エヤーは「日本のいけばなとアメリカの挿花」を寄稿し、草花の扱い方

や使い方の日米比較を試み、あくまで私見と断った上で、「アメリカ人は草花が大好きで、家庭ではこれを自由に利用致します。しかしそこに生まれる装飾的効果は、日本のいけばなとは全く異なっています。……典型的な日本の生け方は、しばしば風景や、庭園や、或いは池を微妙に暗示する様な生き生きとした平和な美しさを持つ絵画を描き出させます。一方普通のアメリカの花の挿し方は、部屋に対して意図的な色彩の配合を表しています[37]」といけばなについて日米差を明示した。その上でこれらを「三次元の有無は日本とアメリカとの花の扱い方に於ける根本的な相違」（「三次元とは、長さ、幅、奥行で立体的構成をなすもの　二次元とは、長さと幅だけで、平面的構成をなすものを言う」）と指摘した。一方で一部の習字教育が日本の学校で課程から削除されたことに対し「子供達にとって、半ば無意識のうちに彼等の両手を二次元だけで使う様に助長します。他の西洋風の諸習慣の採用は、多分この傾向を強めることでしょう」と警鐘を鳴らしている点も興味深い[38]。

　そして、３級師範の資格を獲得して1950（昭和25）年２月１日に帰国したミセス・ムーンはアメリカ帰国後の展望について「植民地時代の重々しい建築、手の込んだ装飾の多いヴィクトリア建築に似合った色彩的な花を、山盛りに盛ったマツス・アレンヂメントよりも、非常に簡素化された近代アメリカ建築には、線の美しさを強調したシンプルな、ライン・アレンヂメントの方がふさわしいことを示し度いと存じます」と語っていたと師範として彼女を指導した小野草水が記録している。戦後日本占領期において彼女たちが暮らした近代的な米軍ハウスという生活環境において、アメリカ伝統のフラワー・アレンジメントよりも日本で遭遇したいけ花の方が似合うということを学んで帰国したことになる。

　小野草水は戦前から外国人にいけ花を教えることを専門にしていたが1948（昭和23）年１月よりグラントハイツでも華道教室を開始した。その２年後に開催した第二回グラント・ハイツ華道展は40余名の出品者を数え、「出品者の主人も子ども達も、一家総出で鑑賞」するほどの盛況であったという。しかしながら占領の初期は米軍家族の中でもいけ花に対する関心はさほど高

いわけではなかった。グラントハイツ「フラワークラス」と呼ばれる教室も「一昨年の一月、都心から遥かに離れた埃と泥濘で有名な成増に、僅か十名足らずの小さいクラスを持ちました頃の心に染みるやうに淋しかった情景」「余りにも出入りの激しさに、時としては自分の仕事に自信を失ひ、空しい心を抱いて、幾たびか淋しく取りましたあの駅への長い道」と小野も回想している。ところが「一昨年春になりましてから、クラスも段々と人数を増して来て、スクールに移ると共に活気づいて参り、自分からすすんで面倒な私の秘書を買って出て呉れる人も出来て、往復の自動車の用意もされるといふような、飛躍的な好結果を現すやうになりました。そして、この頃では三箇月のコースのレッスンを待つ人が、まことに沢山でございます」という活況ぶりが語られるようになる【図表5 - 2】。

図表5-2　グラントハイツのいけ花教室

グラント・ハイツの教室から
講師は小野章水先生　百名程の生徒がいつも熱心な追究をはげんでいる
（本　文　参　照）

小野によれば「いけ花を単に生活とその環境に、色彩と歓びを與へるもの、飾り物、しつらへ物として取りあげます米人達」「余り忍耐づよいとは云えない、そして日本には、限られた滞在期間しか持っていないアメリカ婦人達には向かないやう」とする一方で「彼女達はまた実用的な知識を尊びますので、水揚法その他、ごくこまかいテクニックに興味を持ちまして、新しいことを一つでも覚えますと、大変満足らしく、今日のレッスンは大変面白かったと喜んで帰って行」くので、「飽きさ

せないために、そして尊敬を得て一心に稽古させる一番近い方法は、案外このようなつまらないところにあるのだと考へます」と日本のいけ花が新しく生まれ変わり、海外に向けて発信していくためのポイントを指摘している。また「新しい知識を子どものやうに喜んで受け容れるあの無邪気さは、私共も敬意を払つてもよろしいのではございますまいか」と好意的にとらえている。そして「日本人のお弟子さんでしたら良かれ悪しかれ、私共の云ふことを、そのまま受け容れてくれますが、小さい時から誰の前でも、自由に所信を述べるやうに教育されて来たアメリカ婦人達は、決して鵜呑みには致しません」。例えば「ミセス・ハルフといふ終戦後の最初のお弟子さんはこの四年間、何彼につけ、一度は必ず私に反対致します」が「お互に反対し、反対されつつするその間に、実に沢山のことを教えられて参りました。こんなの

をよい喧嘩友達といふのでございませうか」と結び、「国境を越えた心と心のつながりの深さ、広さ」を大事にしたい、と結んでいる。[39]

　グラントハイツには将校クラブがあり、ここではジャズやカントリーミュージックのバンドマンや婦人会（白百合作業所）が積極的な文化交流を行っていた【図表5‐3、5‐4】。さらに、消防訓練が地元の人々も加わって行われることもあった【図表5‐5】。こうして日本最大の米軍ハウス地区において双方向的な遭遇がその生活空間の中で繰り広げられたのであった。

図表5-3　グラントハイツ内将校クラブにて
　　　　　1967年

図表5-4　グラントハイツ将校クラブ婦人会（白百合作業所）1969年

図表5-5　グラントハイツの自衛隊消防訓練　1967年

第6章

日本最大のグラントハイツ

当時の都内における米軍ハウスとしては千代田区のリンカーンセンター（霞ヶ関）、ジェファーソンハイツ、パレスハイツ（現在の隼町）にならんで、渋谷区のワシントンハイツ[2]があった。さらに武蔵野市に武蔵野（グリーンパーク）[3]、府中市に府中空軍施設（住宅施設は将校の独身寮と家族住宅）、調布・府中・三鷹市に関東村住宅地区（ワシントンハイツの代替地）、昭島市に昭島住宅地区、立川・昭島市に立川飛行場、立川市上砂町・高松町に通称アメリカ村「バンブービレッジ」があった。こうした米軍ハウス地区の類型として、主に住宅関連施設のみによって一地区を成す「独立型」、同一地区内に軍事施設も含む「軍事施設付随型」、多数の小区域が分散して存在する「分散型」に分けられる。また、建設戸数を基に、600戸以上の大規模、300戸以上600戸未満の中規模、50戸以上300戸未満の小規模、そして50戸未満の極小規模に大別される。本章ではその中でも日本最大の米軍ハウス地区であったグラントハイツ[4]に焦点を当てる【図表6-1〜6-2】。この地区は返還後の都市計画により都内最大級の光が丘団地と公園地区となって現在に至る[5]。いかにして練馬大根の産地に戦時中帝国陸軍飛

図表6-1　グラントハイツ　1953年

図表6-2 関東地方の占領軍家族向住宅地区類型

名称		所在地	新築戸数	敷地規模
独立型	グラントハイツ住宅地区	練馬区	1267	大
	ワシントンハイツ住宅地区	渋谷区	827	大
	相模原住宅地区	相模原市	約600	大
	2号住宅地区	横浜市	486	大
	1号住宅地区	横浜市	386	大
	X住宅地区	横浜市	409	中
	ジェファソンハイツ住宅地区	千代田区	70	小
	山下公園住宅地区	横浜市	55	極小
	リンカーンセンター住宅地区	千代田区	50	極小
	キャンプ茅ヶ崎	茅ヶ崎市	16	極小
	キャンプスティルウェル	前橋市	15	極小
	浦和住宅地区	浦和市	14	極小
	宇都宮住宅地区	宇都宮市	10	極小
軍事施設付随型	立川飛行場	立川市	410	中
	横田飛行場	福生市など	405	中
	ジョンソン飛行場	入間市など	339	中
	キャンプ朝霞（旧キャンプドレイク）	朝霞市など	165	小
	横須賀海軍施設	横須賀市	155	小
	太田小泉飛行場住宅地区	太田市	107	小
	キャンプ座間及び水源地	座間市など	105	小
	長井住宅地区（アドミラルハイツ）	横須賀市	99	小
	白井補助飛行場	千葉県	31	極小
	羽田飛行場	大田区	2	極小
分散型	ブラッフ住宅地区	横浜市	321	中

行場が建設され、戦後はその飛行場跡にアメリカ郊外風住宅地区が現れたかと思いきや、あっと言う間に忘れ去られていったのか、米軍ハウス建設の前後史を跡付けてみたい。

第二次世界大戦後、連合国の占領軍によって独自に計画された、米軍ハウス地区を個人的に体験した記録は、建築家の訪問記（吉岡吉雄「進駐軍家族住宅を見る」『新住宅』1948年）以外にも仙田満（「内田繁インタビュー」『子どもと住まい（下）』住まいの図書館出版局、1990年）や村上龍（「あとがき」『アメリカンドリーム』講談社文庫、1985年）をはじめ少なくない[6]。これに

対して、建築・都市計画分野における米軍ハウス地区に関する既存の研究は限られる。彼らの考察に共通しているのは、以下の２点である。まず日本に新たに伝えられた居住空間として、占領軍側の計画思想・実施方式を検証すること。次に日本の建築技術への波及や建設業界への影響を検証すること。言い換えれば、米軍ハウス建設の前と後に関する考察に他ならない[7]。

　歴史的忘却について論ずる前提として、まず戦前の緑地計画・成増飛行場の建設と終戦直後の状況・グラントハイツの建設・概要・生活を概観した後、返還運動についても少し触れたい[8]。

　1889（明治22）年の市制・町村制以来このあたりは当時東京府北豊島郡上練馬村に属していたが、1932（昭和７）年に板橋区に編入された時点では、練馬田柄町、練馬土支田町、練馬高松町、練馬春日町に属していた。当時は田柄用水に沿って田んぼや練馬大根の畑が広がる静かな農村地帯であった。

　この地区の緑地計画は1932（昭和７）年、内務省、東京府、東京市、隣接県の関係者、学識経験者を中心とした東京緑地計画協議会の発足により始まる。当時東京府の人口は575万人余に膨らみ、東京の中心部では人口の集中が進んでいた。市街地が無秩序・無計画に広がるスプロール化を防止するために緑地の確保が求められ、協議会は緑地の意義、計画区域、計画案策定のために現地調査を行い、７年をかけて「東京緑地計画」を策定した。その中に光が丘地区も組み込まれていたのである。1939（昭和14）年に「環状緑地帯計画」として決定されたその計画は、現在の東京23区に相当する東京市域の外周に沿う環状の緑地と、さらに楔状に都心に向かって入り込む緑地帯を設置するもので、全長72キロメートル、総面積13,733 ha（約4,120万坪）に及ぶ広大なものであった。この中の土地を買収して公園・動植物園・運動場・練兵場・飛行場、農業試験場、遊園地等の用地とし、農地や山林として保存することで都市化を防ごうとしたのである[9]。

　また1940（昭和15）年が紀元二千六百年にあたることから記念事業の一つとしても大緑地造成が選定された。しかしここでは大緑地の造成は府民の福利厚生に資すると同時に、有事にあっては防空緑地としても利用する意図を

含むものに変化した。東京緑地計画初期には「帝都防衛」という目的はあまり重視されなかったが、1937（昭和12）年には防空法も公布され、戦争への備えも現実的なものとなっていた。緑地行政も国家防衛と組み合わせざるを得ない状況となっていたのである。そして1941（昭和16）年の開戦により光が丘地域の緑地化計画自体が幻となる。1943（昭和18）年戦局が悪化すると、帝都防衛のため都心に近い飛行場建設が急務となり、防空緑地にするという名目で測量調査が入っていた当該地が候補地に選定されたのである。[10]光が丘地区が選ばれた理由は、第1に高松町一帯は大地主が多く土地が平坦で人家が少なかったこと、第2に新川越街道沿いに軍事施設が点在していたこと、第3に冬には麻布第三連隊や騎馬隊の演習場として使われていたこと、そして第4に皇居上空まで3分以内で到達可能であったためとされる。1942（昭和17）年4月18日に米空母から出撃した爆撃機により東京が初空襲を受けたことで急遽、飛行場建設が決められたともいう。1943（昭和18）年10月にはなんとか戦闘機の発着は可能になった。[11]これが成増飛行場である[12]【図表6-3】。

図表6-3　成増飛行場　1944年

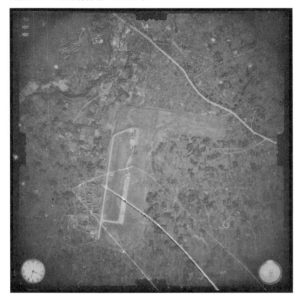

こうして急遽工事で造成された飛行場ではあったが、当然アメリカの空爆の目標にされ、1945（昭和20）年3月9日と4月5日の2回に渡って爆撃を受ける。終戦時には飛行戦隊もすべて各地に移駐し、まともな戦闘機もほぼ残っていない状態だったとさ

れる。1945（昭和20）年8月15日、都民は安堵と不安とが入り混じった感情で終戦を迎えた。成増飛行場については『練馬区独立30周年記念　練馬区史（現勢編）』に「降伏後、日ならず、八月二十四日数台のジープに分乗したアメリカ兵が成増飛行場にやって来た。そして戦いに傷ついた戦闘機にガソリンをまいて、それに火をつけた。もうもうたる黒煙が翌日まで、土支田・田柄・高松の空を焼いていた。中に、ベニヤ板で作られた模擬飛行機も何機かあった。日本陸軍に名声を博した飛行第47戦隊震天制空隊のつわものも、かくして一片の灰となって練馬の空に消えていったのである」との記述がある。¹³

　ほぼ廃墟となった成増飛行場はしばらく使われずに放置されていたが、1946（昭和21）年頃になると一部の旧地主の呼びかけによって耕作が始まった。食糧難の折、大蔵省からも比較的簡単に耕作目的での使用許可が出たという。耕作組合を結成、測量も行って、一反歩程度の単位で耕地整理を済ませ、各戸に割当てた。中央の主滑走路は厚いコンクリートで舗装されていたため北側の補助滑走路付近が耕作地となった。そちらもコンクリートが打っていなかったとはいえ、飛行機が離着陸するのに充分なほど、地面は堅くつき固められていたため耕作にあたっては、スコップが曲がるくらいの苦労が重ねられた。それでもしばらくは麦畑として付近の住民の食糧難を補うことができていた。しかしそれも1947（昭和22）年3月にGHQ占領軍による米陸軍の成増扶養家族用住宅建設工事によって終止符を打つことになる。¹⁴

　米軍の進駐が始まり、マッカーサー司令部から相次ぐ改革が告げられ、文字通り廃墟と化した東京の復興を目指して、都民は活動を始めていた。焼け残ったビルや西洋風の大邸宅の多くは、占領軍が接収したが、これとは別に米軍扶養家族用住宅の建築事業が要求され、新たな米軍ハウス地区の造営は短期間に完成されなければならなかった。そこで東京都の渉外部では特別建設事業所を設置し設営建築に当たる。その中でも最大の規模を誇ったのが、成増飛行場跡に予定されたグラントハイツ計画であった。¹⁵

　日本国政府に対する賃貸のかたちをとって米軍が接収したこの土地は、成増飛行場時代よりさらに広範囲にわたった。地代は坪当たり25銭。当時の貨

幣価値の変動は驚くべきもので、その値上げ交渉のために、田柄地区の地主約25名は「グラントハイツ田柄町地主会」を結成した。地主会の総面積は約３万坪であった。数度の値上げに成功したものの、1960（昭和35）年には特別調達庁の要請でやむなく売却することとなる。当時の価格で坪当たり１万１〜２千円であった。当計画は飛行場跡に残された長い滑走路を幹線道路とするもので、基地に分断された元の土支田町東側の人々は、しばらくの間、学校に通うのも選挙に行くのも、基地を大きく迂回しなければならなかったという。[16]

　1947（昭和22）年３月15日、グラントハイツ新築工事のために東京都成増建設事務所が設置され、同年４月に起工、まず川越街道から入る道路の工事が着工された。成増飛行場東側地域では、用地接収命令が下され、敷地が拡張される。建設資材搬入のためには上板橋駅から陸軍第１造兵（現在の陸上自衛隊練馬駐屯地）まで敷設されていた鉄道がグラントハイツ内まで延伸され、資材は横浜の米軍物資輸送本部から、30分おきに山手線外回り経由で運転される直通の２両連結車で搬入された。[17]

　「進駐軍労務者」と呼ばれた労働者を集めるために、早朝の池袋駅前はグラントハイツ行きのトラックがひしめき合い、夕方には一仕事終えた労働者たちを落とす、という大混雑をみせる風景が、しばらくの間、池袋駅の日常風景と化したほどであったという。[18]建設工事に伴う流入人口により練馬区の人口も一時急増するほどであった。

　工事予算作成期日は1947（昭和22）年５月６日、それに先立つ５月４日から５月18日までが工事準備期間として設定され、実際の工事は５月19日から10月31日が予定されていた。まず５月27日に基礎図面が確定し基礎工事が始まる。しかし終戦直後の資材と労務を確保することが難しい状況下での工事はなかなか進まなかった。資材不足により角材が必要な場所に板材が搬入される、またGHQからも工事にストップがかかる、などの問題が頻出した。６月15日に小屋組製材を開始したところで、６月17日には軒高が変更され、６月23日に最終決定が下されるまで一旦待機となる。６月28日には構造

方法についてGHQから注文がつき、建設中止命令が下される。7月6日に
GHQが提示したモデルハウスを参考にすることで、7月8日に建設中止命
令がようやく解除される、という具合であった。5月に始まった仮設工事も
6月に基礎工事、7月に入って木工事と金物工事とようやく本格化したので
ある【図表6-4、6-5】。だがその後も工事は難航を極めた。まず資材不
足により計画に対して実際の資材搬入が遅延し工事工程数に大きな狂いが生
じた。工事工程の狂いによって「労務者出場計画」も大きな影響を受け、結
果的に「無駄」が生じることで人件費は割高になり、当初計画されていた工
程数と実際の労働力との間には開きが生じた。そもそも工事当時には公定賃
金によって労働者を雇うことは不可能になっていた。また競争入札によって
契約された建築工事費に対して完成後に業者がさまざまな理由から増額を求
めたことも工費が嵩む理由の一つとなった[19]。

　それでもなんとかグラントハイツは1年3カ月という短期間で翌1948（昭
和23）年6月に完成する。敷地面積60万坪のうち4万坪に1,260戸の住宅、
2万坪に公共施設（小中学校、PX＝スーパーマーケット、劇場、電話交換室、
変電所、汽缶室、クラブ、礼拝堂、倉庫、従業員宿舎、消防所、管理事務所）、
他ローラースケート場・ゴルフ練習場・陸上トラックなども揃う巨大なもの
だった【図表6-6】。

　以下では、佐藤洋一らの研究をもとにグラントハイツの住戸ユニット、ブ
ロックの空間構成、道路配置、共用施設の配置について整理する[20]。住戸ユニッ
トとしては、「家族用の庭（Family Court）」と呼ばれた共用のオープンスペー
スに対する住宅配置から明確に確認しうる以下の3タイプがある。まず3辺
包囲型は、道路に面して家族用の庭を設け、それを3辺から囲むものである。
このユニットタイプが最も多く確認された。次に4隅包囲型は、家族用の
庭をL字型の建物によって4隅から囲むものであり、2カ所で確認された。
それからクルデサック（行き止まり）包囲型は、クルデサックのロータリー
部分を取り囲んで住宅が配置されるもので、3カ所で確認された[21]。

　ブロックの空間構成としては、すべてのブロックに渡ってほぼ方形を基

図表6-4　成増地区占領軍家族住宅工期別一覧表（戸数）

家型式		第一期工事	第二期工事	第三期工事	追加工事	第四期工事	第五期工事	第六期工事	総計	総計
A型	A-1	59	22	0	10	0	32	19	142	
	A-2	16	1	0	3	0	10	5	35	
	A-1a	145	52	0	18	0	84	26	325	
	A-2a	26	4	0	8	0	16	10	64	566
B型	B-1	1	33	60	8	21	20	0	143	
	B-2	2	23	17	3	12	12	0	69	
	B-1a	2	50	96	10	76	48	0	282	
	B-2a	2	24	72	8	38	44	0	188	682
C型	C-1	2	2	7	0	1	0	0	12	12
計		255	211	252	68	148	266	60	1260	1260

図表6-5　成増地区占領軍家族住宅地区の公共建築物

名称	棟数	坪数	名称	棟数	坪数
管理事務所	1	83.5	下士官宿舎	1	273.0
給油所	2	40.0	使用人宿舎	24	3974.4
酒保	1	958.6	使用人便所	18	162.0
小学校	1	1300.4	氷倉庫	1	23.3
連絡事務所	1	166.8	洗濯物受渡所	1	73.3
巡警所	6	30.0	仮設ボイラー室	2	395.0
変電所	1	136.2	士官・下士官食堂	1	70.0
倉庫	1	850.0	日本側舎監室	14	212.0
営繕工場	2	340.0	使用人食堂	4	514.0
衛兵所	1	0.4	消防・警察署	1	77.9
ボイラー室	1	1176.2	診療所	1	121.0
木材倉庫	1	41.7	劇場	1	484.3
電話交換室	1	296.8	中学校	1	1417.1
車両修理工場	1	591.7	使用人診療所	1	165.8
営繕用塗装工場	2	42.0			
士官宿舎	1	139.0			

追加が予想されるもの
教会、クラブ、ロッカー・ストレージ、教員用アパート、日本側舎監室、使用人食堂

調としている。総ブ
ロック数は30で、住
戸建物のみによる
ブロックが21、住戸
建物と付属施設の併
設が7、付属施設の
みのブロックが2で
ある。このうち住戸
建物のみのブロック
は、21ブロック中20
までが方形であり、
道路に沿ってユニッ
トが配置されている
ため、各ブロックの

図表6-6　グラントハイツ　1949年

中央部分にブロック面積の約1割の「居住区の庭（Home Play Area）」と呼
ばれるオープンスペースが配置されている。このタイプがグラントハイツ住
宅地区のブロックのうちで最も典型的だと言えよう[22]。

　道路配置は、南北方向の幅42メートルの主要道路と幅14メートルの北側入
り口からの道路を軸として、南北方向へ3本、東西方向へ8本の道路が確認
できる。このうち南北方向の主要道路は、地域資料などから判断して、成増
飛行場時代の滑走路を利用したものと考えられる[23]。共用施設の配置は、礼
拝堂（特定の宗教に偏らない場所として設計された）、PX、学校、劇場、診
療所、ガソリンスタンド、消防所、クラブハウスなどが確認できる。このう
ち、礼拝堂は南北の主要道路の南端に位置し、人の注意を引き、視線を集め
るように意識的に置かれていたことが確認できる。PX、劇場、診療所など
は地区内ほぼ中央の同一ブロックに配置されている[24]。

　以上のことから佐藤らが結論したことは、空間形成手法上の原理は、オー
プンスペースを軸とした領域構成である。オープンスペースは配置によって

3種類に分類できる。住宅ユニットに関しては、家族用の庭、住戸ブロックに対しては居住区の庭、地区全体に対しては娯楽施設地域（Recreation Area）である。これらを軸としたユニット構成での住戸配置やブロック構成が体系的に捉えられている【図表6-7】。[25]

　こうして練馬の真ん中の広大な地域にゲートと金網のバリケードに守られたアメリカ人の生活空間が突如として出現し、移転してきた1,200世帯の軍人家族の生活は付近の日本人住民にも大きな影響を与えた。[26]住宅地の板橋区側には赤線地区ができ、川越街道のゲート周辺の赤塚新町付近には米軍相手の横文字の看板を出した店が立ち並んだ。カラフルな衣装や、アメリカ人好みの珍しい品々に土地の人々はただ、目を見張るばかりであった。日本人女性のいるカフェーなどもあったが、単身者が多い朝霞のキャンプと異なって、家族住宅であったため治安は比較的良好であった。物資豊富なグラントハイツから出る大量のゴミの中には家畜の飼料になる残飯から玩具や日用品、家具に至るまで物資不足に悩む区民にとって活用できる利用価値の高いものも多かった。またアメリカ式生活スタイルを真似する住民も出てきたという。グラントハイツ内の道路標識はマイル表示で右側通行である。グラントハイツは、治外法権の区域であり、日本国内でありながら「アメリカ」であった。[27]

　ハイツ内で働く日本人従業員も

図表6-7　住戸配置とブロック構成

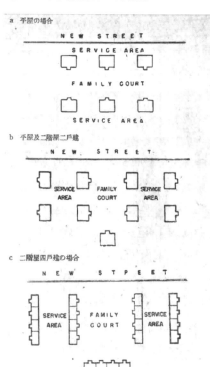

多い時は5,000人を超えた。一戸に一人必ずメイドがつき、階級が上位の軍人家族には、ボーイや運転手もいた。メンテナンスと呼ばれる施設の維持管理や、補修を行うための管理事務所にも多くの日本人が雇用されていた。通いのメイドもなかにはいたが多くは住込みか校舎のように大きな２階建てのメイド寮で暮らし、ハウスメイドやハウスボーイの養成所で会話やマナーの教育も行われた。[28]こうして日常生活の中で日米の相互交流は存在した。

　このような巨大な生活空間となっていたグラントハイツも返還運動を経て、瞬く間に忘却の彼方へと霞んでいく、そのプロセスを簡単に概観してみよう。1959（昭和34）年春以降、グラントハイツの機能は立川基地、横田基地へと順次移転していった。一方土地買い上げをめぐる特別調達庁との交渉の中でグラントハイツ返還運動も芽生えていく。米軍がいなくなり荒れ果てていく広大な土地を有効利用したいということは当然であろう。そこでまず1964（昭和39）年12月18日練馬区長から東京都知事にグラントハイツ開放を要請する会見が行われた。しかしその後は練馬区長の不在などもあり進展が見られない中、米軍撤退後に管理放棄された汚水処理設備の不備や川の氾濫なども問題になっていった。そこで米軍は1968（昭和43）年12月６日、代替施設の提供を条件に返還に同意する旨を表明する。それを受けて議会に「グラントハイツ対策特別委員会」が設置され、1971（昭和46）年にはグラントハイツ跡地利用区民決起集会が開催されるなど返還運動が本格化していった。[29]

　そしてついに1973（昭和48）年、グラントハイツ地区は全面返還され、1977（昭和52）年２月に区民の声を聞きつつ光が丘公園の建設が始まった。1981（昭和56）年12月『光が丘新聞』によれば「21世紀の街をめざして」住宅建設も始まった。1983（昭和58）年６月には野球場、テニスコート、陸上競技場が供用を開始した。現在の光が丘地区には、「光が丘公園のあらまし」という小さな碑、そして1995（平成７）年に建てられた練馬区平和祈念碑があるほかは、歴史的にそこに存在した帝国陸軍飛行場や米軍ハウスを想起させるものはない。

しかし記憶は皆無なわけではない。在りし日のグラントハイツを振り返るケイ・グラントのインタビューが、2013（平成25）年の『ねりま区報』に紹介されている。彼は1959（昭和34）年練馬区田柄生まれのラジオ DJ であり、グラントハイツを幼少の頃の遊び場として振り返っている[30]。同様のインタビュー内容の記事が、2015（平成27）年３月16日付の『読売新聞』「東京の記憶」にも掲載されている。「緑の芝生に間隔をあけて立つ白い家々が忘れられない。自分の芸名も、ここから取った」と彼は語っている。1960年代小学生だった彼はよく鉄条網の穴をくぐり、そこで遊んだという。グラントハイツで年２回開かれたお祭りでは、小遣いをもらって堂々と入ることができ、料理人がハンバーガーを供するなど、垣間見たアメリカ的生活様式を鮮明に記憶しており、「大人には敗戦の象徴だったかもしれないが、自分にとってはあこがれ。趣味や仕事への影響は大きかった」という。憧れという名の記憶と表現したら良いだろうか。

　同じ記事に、占領期に関して単なる記憶とも忘却とも言えない「創造的破壊」も語られている。それは1985（昭和60）年度から1987（昭和62）年度にかけて都職員として公園の南側入口部分などの設計と工事の監督にあたった、都の西部公園緑地事務所長の山下博史のインタビューである。そこで注目すべきは、以下の発言であろう。「事務所の先輩からは、『新しい未来に向かうため、戦争の跡はできるだけ消そうとした』と聞いた」と。ここにグラントハイツ時代の建物は徹底的に撤去され、道路も再利用されずに芝生の公園に生まれ変わった理由が、当事者によって明示されているのである。1950年代に小学生であった山下は「限られた人しか入れない軍用地の時代が終わり、世代を問わず集える場所をつくりたかった。公園に込められた思いを知ってもらえたら」とも語っている[31]。まさに、戦後世代の光が丘団地の住民たちにとって、より受け入れやすい未来を「創造」するために、敢えて過去を「破壊」する行為を意味したのだろう。記憶と忘却そして創造的破壊、まさにグラントハイツをめぐる語りは、やはり人の数だけ存在するのである[32]。

第**7**章

越境する生活文化史研究

　連合国による日本占領（1945～52年）が終了して70年たった今でも、この時代が私たちを魅了し続けるものは何なのだろうか。占領軍は自分たちの都合で被占領者の財産を奪い、マッカーサー元帥は命令によって（「間接」と呼ばれたとしても）圧倒的な統治をした。こうした一方的な権力関係を認めつつも、日常的な出会いの中では、双方向の関係があったことをわたしたちは忘れてはならない。米軍の家族は、日本人を頼りにしていた。日本の中に小さなアメリカを作るために、占領軍の計画者たちは、日本の建設業者やデザイナー、農民や農業の専門家、劇場の演出家をはじめとするアーティストたちに頼ったのである。占領軍関係者は将校であれその家族であれ、銀座で買い物をし、各地の観光に出かけた。一方、多くの日本人がハリウッド映画やジャズに熱狂し、雑誌でアメリカの家庭や生活様式に憧れを抱いた。また既述の通り、軍隊による交際の制限という厳しい規律が1945（昭和20）年から49（昭和24）年にかけて実施されたにもかかわらず、アメリカ人と日本人は親密な関係を築き、GIベイビーたちが生まれた。この強烈な７年間が残した政治経済的、軍事外交的、そして社会文化的遺産は、国境や国籍を飛び越えて、今日でも日米両国に残っている。

　ところで、第二次世界大戦の最中、既にアメリカは日本の敗戦を大前提とする占領政策を立案していた。もちろんアメリカ以外の連合国は分割・共同統治を考えており、これらの国々と単独占領としたいアメリカの意向とが衝突していくことになる。そこで展開したのは、入江昭が『日米戦争』（中央公論社、1978年）で、ジョン・ダワーが『人種偏見――太平洋戦争に見る日米摩擦の底流』や『敗北を抱きしめて――第二次大戦後の日本人（上・下）』

で明らかにしたように、日米相互イメージ交渉があった上での戦後占領であった。

　ここで興味深いのは、太平洋の向こう側で、日本占領がどのようなイメージで捉えられていたかである。こうした認識は、同時代的なものだけではなく、時を経た現在でも続いている。例えば、冷戦末期（といってもアメリカがソ連に勝利すると分かるのにはしばらく時間を要するのだが）保守主義の嵐が吹き荒れる中、革新派のジョン・カーティス・ペリーは1981（昭和56）年３月４日付の『ニューヨーク・タイムズ』紙に「日本よ、お願いだから恩返しをしてくれ」と題した論考を寄稿した。その理由は、彼の目から見て、ロナルド・レーガン政権下で軍事外交から政治経済に至るまで、アメリカのあらゆる社会的基盤が崩壊する中、これを立て直すには日本によるアメリカ占領しかない、と考えたからであった。ペリーはまだ半世紀も経っていない戦後改革を振り返り、占領の必要性について切々と訴えた。曰く、第二次世界大戦後、アメリカ人は日本で80カ月間過ごし、平和を愛し、民主的で自立した社会を築いた。これは、アメリカ史上最も野心的な平時外交の大規模演習であった。今こそ、日本人はそれに応える時だと。アメリカは、レーガン大統領の言葉を借りれば「新たな出発」となる再生を必要としている。日本の指導者たちは、アメリカ人の努力に支えられて、この崇高な目的を達成することができる。日本人にアメリカを占領してもらい、1945（昭和20）年から1952（昭和27）年までアメリカ人が日本にしたことをそのままやってもらうべきだ。つまり、「良い占領」を繰り返すことで日本よ「恩返し」をせよと[1]。

　このように占領をある意味美化した言説に対して、戦後日本占領研究を牽引してきた二人の学者、ロバート・ウォードと坂本義和によると、アメリカによる日本占領は、アメリカのアジアへの介入が軍国主義的で反国民的な性格を持つものであることを示した。ジョン・ダワーや油井大三郎は、日本の民主化と非武装化という約束を果たすことができなかった日本占領の失敗を探っている。太平洋の島々の基地を奪い、占領を「逆コース」（つまり武装

解除から一転して反共目的の軍備化）することで、アジアのパックス・アメリカーナの旗が掲げられたのである。その10年前、日本はアジアを行進し、真珠湾を爆撃し、反共産主義政治と独立と発展の約束によって正当化された帝国を切り開いた。その帝国は、アメリカの技術、アメリカ海兵隊の人海戦術、東京大空襲、広島・長崎への原爆投下、中国やその他のアジア地域のゲリラ戦士たちの英雄的な努力などにより、屈服させられた。しかし、ヨーロッパと日本の植民地主義の終焉は、「自由アジア」の国に真の独立と自律的な発展をもたらさなかった。アメリカの軍事力と経済力は、去っていく植民地勢力の空白を埋めるために押し寄せ、当時も今も共産主義者の侵略を鎮圧する必要性を理由に、アメリカがアジアにおける新たな帝国主義勢力となった。それは、占領者アメリカが、被占領者日本に対して否定した「帝国の夢」を自ら実現したことを意味していた。要するに「偽善」だ、というのである。こうした論調は、既に占領期においてヘレン・ミアーズがダグラス・マッカーサーによって発禁処分とされた『アメリカの鏡・日本』で明らかにしていた。

　そもそも19世紀後半から1941（昭和16）年までの日本とアメリカの関係を振り返ると、それは友から敵へという表現が相応しいだろう。この間の日米関係は1854（安政元）年、アメリカの砲艦が日本に開港を迫ったことから始まる。1868（明治元）年の明治維新を経て、日本は積極的な近代化政策に乗り出した。日本人は西ヨーロッパの中でも英仏独を近代社会の典型とみなす一方、アメリカ文化の多くの要素を取り入れた。例えば20世紀初頭には、ハリウッドスターやスポーツ選手の来訪など、さまざまな文化交流が行われ、両国の結びつきが強まった。

　しかし、20世紀中盤、両国は戦争当事者となる。日本は、中国とインドシナの一部を侵略し、太平洋におけるアメリカの利益を脅かし、両国の間に政治的、財政的な対立を生んだ。アメリカは日本への石油の禁輸を開始し、1941（昭和16）年12月7日、日本海軍がハワイ・真珠湾の米軍基地を空爆、翌日にアメリカは日本に対して宣戦布告をした。

　それから4年近くの激戦を経て、太平洋戦争は終戦へと帰着する。1945

（昭和20）年の春から夏にかけて、アメリカ軍による空爆は東京をはじめとする日本の諸都市を壊滅させた。そして、8月6日と9日、アメリカは広島と長崎に原爆を投下した。その1週間後、天皇陛下は連合国への無条件降伏を宣言した。彼は4分間のラジオ演説で、肉体的にも精神的にも疲れ果てた国民に、「耐え難きを耐え、忍び難きを忍び」敗北を受け入れてほしいと訴えたのである。

　敗戦後の東京には、米軍兵士とその家族が押し寄せ、無許可の日本人が立ち入れない「リトル・アメリカ」と呼ばれる地域を建設した。彼らは、戦争で荒廃した東京の貧困の中で、アメリカの中流階級の生活を享受していた。荒廃し資材なども乏しい東京でアメリカの生活を再現することは、日本人の創意工夫と労働力なしには不可能であっただろう。一般の日本人は、アメリカ人家庭の日常的な要求を満たすために、さまざまな方法で雇用された。日本人の従業員は、新しい日本への希望を占領軍との交流に託して、この事業に熱心に取り組んだ。この出会いの瞬間の日本人の声を復元することで、日本人が占領軍兵士のためにアメリカンドリームを築くことにいかに参加したか、そしてこの経験を通じて日本人がいかに生活を立て直し、新しい国家を建設し始めたかを探ることができよう。

　そもそも遠く離れた異国の地にリトル・アメリカの建設を企てたこと自体が壮大な事業である。占領を計画する側にとって最初の課題の1つは、米軍人とその家族にアメリカの生活水準に合った住居を提供することであった。そこで、アメリカ式の集合住宅を建設することになり、日本の援助によって達成された。

　米軍技術部は、日本人の建築家、エンジニア、製図家などを集め、設計部を作った。この部隊は、米軍の家族向け住宅開発を計画する役割を担っていた。設計支部は「リトル・アメリカ」の建設を引き受け、住宅、学校、礼拝堂、サービス施設など、近代的な電気、配管、下水道が完備された完全な町とした。こうしたアメリカ式住宅を日本の環境に合わせて計画するには、常に交渉が必要だった。日本の専門家は、欧米の建築手法を学ぶと同時に、日

本の気候風土に合った、台風や地震などの自然災害にも強い住宅を造るために、独自の手法を取り入れた。その結果、アメリカのモダンなスタイルと日本のデザイン要素を取り入れた新しい住宅が誕生したのである。

　こうした住宅について歴史を再構築する際、最も重要な一次史料が、本書で繰り返し参照した266頁にわたる商工省工藝指導所編『デペンデントハウス——連合軍家族用住宅集区』である。この貴重な一次史料は、扶養家族住宅で使用される住宅模型、共同住宅、家具、家電、台所用品などの設計図面を収録したものである。英語と日本語で書かれており、デザインブランチの日本人メンバーが編集を担当した。一見するとアメリカの住宅だが、日本のデザインや建築様式が取り入れられている。例えば、窓は洋風の二重窓ではなく、和風の引き違い窓を使用。この窓は相互換気ができ、室内の温度調節に効果的だった。他方、リビングルームとダイニングルームを一体化して広く使うという、当時アメリカでも流行したレイアウトも採用した。こうしたデザイン史を振り返っても、占領住宅が象徴するのは越境であり、双方向的な遭遇なのだ。[2]

　集合住宅の建設だけでなく、各戸に設置する30点の家具のデザインもGHQ内に設置され日本人の専門家たちが雇われたデザインブランチの仕事だった。これはまさに（既述の通りアメリカだけではない）西洋デザインの土着化と表現できよう。そのために、設計室は日本全国から約300社の家具メーカーを動員した。日本の職人が伝統の技で可能にした、西洋家具の設計と施工部門による高い製品検査基準と定期的な納期は、疲弊した製造業を一気に活性化させ、戦時生産から平時の産業へのスムーズな移行を促進した。

　こうして占領軍のためにアメリカの生活水準を構築することは、さまざまな革新をもたらし、多くの日本の家庭のアメリカ化を促進することになった。特に日本の消費者は、近代化されたキッチンや電気製品に魅了された。日本の建設業は製造技術を向上させ、大量生産を加速させ、その製品を現地の人々が手に入れられるようにした。設計課長のヘーレン・クルーゼ少佐は、「日本人の新しい家、新しい暮らし方」と題して、米軍ハウスが「日本型住宅の

先駆け」となったことを指摘する。

　一方、「進駐軍家族用住宅家具の設計に就て」と題して、『工藝ニュース』に記録を残している豊口克平は、戦後の日本を代表する家具デザイナーである。占領軍の米軍ハウス用家具を製作するにあたり、アメリカの尺貫法（インチ、フィート、ヤード）、日本人とアメリカ人の体格差、資材不足など、日本人が苦労した点を振り返っている。しかし、彼はこのプロジェクトに携わることで得たものも認め、日本にはない、標準化された近代的なものを作ることができるようになった成果をとても喜んでいる。そして、その過程で、産業美術の復興に立ち会うことができたと書いている。[3]

　さらに米軍ハウス建設ならびに家具の供給が一段落ついた1948（昭和23）年夏、モダンインテリアの展示会が、7月21日から30日にかけて日本橋の三越百貨店で開かれた。アメリカの一般家庭の部屋を丸ごと再現したものが展示された様子を描写している「アメリカに学ぶ生活造形展」『世界日報』（1948年7月21日）の記事によると、「シンプルさ、快適さ、美しさをたたえるアメリカの生活をそのまま見ることができる」というものだった。この記事のどこにも、米軍ハウスの住宅について明確には書かれていない。この博覧会の目的は、日本の産業美術の復興と、輸出用と占領軍用の日本製の素晴らしい製品の数々を紹介することであったという。「私たちは、シンプルでありながら美しいアメリカの生活様式から学ぶことができると思いました。そして、その知識は私たちの未来を描くために使うことができると思ったのです」と書かれている。1日に何万人もの人がこの博覧会を訪れ、あまりの人気ぶりに、開催期間が5日間延長されたことからも、その影響力が小さくなかったことが窺えよう。事実、『フアニチヤ』（第7号、1948年、34頁）も「近頃数多かった家具関係の展覧会の中で、色々な意味で一番大衆に大きな印象を与えた」と記載されている。[4]まさに文化的催しに飢えていた日本人の琴線に触れたと言えよう。

　さらに「お臺所にご感心　孝宮さま御來場」『世界日報』（1948年7月30日）からもわかる通り、皇室もアメリカのモダンなデザインやライフスタイルに

関心を示し、内親王も来場されているのである。当時、孝宮は「花嫁修業」中で、主婦としての心得を学んでおり、特に感心されたのは、モダンなキッチンであったという。続いて高松宮ご夫妻も来場された。

「進駐軍の家庭生活」『生活文化』第7巻第10号（1946年11月、8頁）では、ホーキンス家とジェンキンス家という2組の米軍家族の日常を見開きで紹介した写真で、日本の茶碗で昼食をとる姿、夜には米国のラジオ番組を聞きながらくつろぐ姿、昼間は家でピアノの練習をする姿、日本人形を鑑賞する姿、手料理を作る姿など、米軍家族の日常が紹介されていた。

そして「アメリカ生活を東京で　進駐軍家庭訪問記」『婦人文庫』第1巻第7号（1946年11月、2-3頁）では、見開き2ページを使って軍人の主婦、ヘイズ夫人の新居での生活を紹介し、右ページには、アイロンのかかった洋服でいっぱいのクローゼット、寝室のドアに掛けられたカラフルな靴でいっぱいのシューズラック、食器棚、洗濯機、ドレッサー、ティータイムのためにテーブルセッティングするヘイズ夫人などの写真が掲載されている。左ページには、ヘイズ夫人と友人のアーサー夫人がイブニングドレスでパーティーに行く準備をしている様子、午後の読書、マンションを出て、車で美容院に向かう様子が写っている。

こうした当時の日本の家庭には珍しかったアメリカの電化製品は、日本の大人だけに紹介されたわけではない。例えば『子どもと科学』誌第17号（1949年2月号）の裏表紙には「アメリカの家庭電気器具」と題し、トースターや掃除機などが子どもたちに向けて多数紹介されていた。

日米生活様式の対照性は、両国の暮らしぶりをよく知る人によって考察の対象となった。例えば坂西志保による「アメリカの暮しと日本の暮し」という記事が一例だろう。坂西は、ワシントンD. C.の議会図書館で司書をしていたが、1942（昭和17）年6月に日本へ強制送還された。このエッセイでは、アメリカでの生活体験をもとに、漫画『ブロンディ』を分析している。彼女にとって『ブロンディ』は、アメリカ郊外の中流階級の生活を象徴するものだった。日本人が「ブロンディ」の日常生活を理想とするのは、そこに

描かれる物質的な豊かさのためだと彼女は考えた。「犬三匹、女中がいないので家事に追はれ、疲れてヘトヘトになるというブロンデーにしても、ラヂオ、電気冷蔵庫、暖房、電話から始まって、台所にはガスの料理用ストーブ、コーヒー、トーストをつくる電気器具がそろっている。電気洗濯機、掃除器、二十四時間熱湯が出て、私たちからいったら百万長者のような生活をしている」と述べている。もともと『ブロンディ』は、漫画家シック・ヤングの手によるアメリカの漫画で、1930（昭和5）年9月に創刊された。ミズーリ州ジョプリン郊外での妻ブロンディと夫ダグウッド・バムステッドの日常生活とアメリカの中流階級の暮らしぶりが描かれた。1946（昭和21）年に週刊朝日が連載を開始。その後1949（昭和24）年1月に『朝日新聞』に連載が開始されたことは本書の第1章で触れた通りである。[5]

　本書では、日米関係の文脈内で米軍ハウスについて論じてきた。しかし既述の通り、占領軍の扶養家族用住宅は日本だけではなく同時期に占領を経験したドイツにおいても存在していた。そこで簡単だが、私的領域における遭遇をめぐる日独比較研究の視座について見取り図を示しておきたい。たしかに第二次世界大戦後の連合国による日本とドイツの占領については、既に多くのことが書かれている。しかし、この経験について比較を軸とした研究は驚くほど少ない。さらに、近年は占領下での日常生活に注目が集まるようになったが、占領下の家族、つまり軍隊や文民当局に仕えている男性の妻や子どもたちは、ほとんど研究上注目されていない。これは占領者の家庭において、家事労働者として雇われていた者や、隣人や仕事仲間として占領者家族と交流していた占領地における現地の人々についても当てはまる。要するに、日独両国で生活していた人々と外から新たに入ってきた人々との相互認識、双方の男性・女性・子どもの主体性、さらに新しい状況への対処法はほとんど研究上考慮されてこなかったのである。

　周知の通り、日本は1945（昭和20）年から1952（昭和27）年（沖縄は1972年）まで、ドイツは1945年から1955（昭和30）年まで連合国軍によって占領された。それぞれ敗戦国の占領には共通点が見られる。日本もドイツも連合

国の軍人と官僚によって占領され、両国とも民主化・非武装化・社会経済的再編成の過程を経て、後に繁栄した民主主義と資本主義のシステムを確立したため、見習うべき「模範」とみなされるようになった。両国ともに、占領下では兵士や軍政府の構成員だけでなく、彼らの家族も占領地に赴いていた。そのため、民間の宿泊施設・学校・クラブ・娯楽施設・ショッピング施設・医療施設などの生活基盤が整備され、軍関係者の家族には占領地における保護された生活空間が提供された。占領下の家族の多くは、被占領国で一過性の社会生活を経験し、被占領民の「召使」と一緒に中流階級や上流階級の生活を楽しんでいたが、それはしばしば権力力学の側面から見て「植民地的」なものとして体験されていた。日本とドイツは占領中に政治的・経済的・社会的・文化的な変化を経験し、同時に兵士とその家族は異なる言語や風習にさらされた。占領軍の一員として異国に派遣された家族と、占領下に置かれた現地の人々とが職場・家庭・闇市場などにおいて、親密な交流の中でお互いを知るようになると、公人と私人の両方のレベルで人間関係が発展していったのである[7]。

　日本とドイツの占領に関する文献は、それぞれの占領が終わる前から存在していた。初期の文献は、公式の歴史学書籍を含め、関連する地域ごとの占領の計画と経過に焦点を当てたもの、占領に直接関係した人々の回顧録や小説として登場した[8]。そして時が経つにつれ、両占領に関するより考察に富んだ学術的分析が行われるようになった。軍隊の役割や政治的・外交的・経済的変遷に関する重要な研究が1980年代から出版されたが、その多くは冷戦時代の状況を背景にしたものであった[9]。近年では、「占領者と被占領者」との間の多様な相互作用や、「被占領者」としての女性を含む占領中の個人や集団の主体性に焦点を当てた新しい傾向が見られるようになった[10]。

　例えば、クリストファー・ノウルズとカミロ・エルリッヒマンは、軍事占領を支配のシステム、すなわち、現地住民に対する（既存の関係によって正当化されない）外国の支配として特徴づけている。占領体制が権威として受け入れられるためには、日常的な相互作用を含め、占領の戦略と技術を開

発する必要がある。占領は、複数のレベルで社会に影響を与え、「占領者と被占領者」の間の動的な力関係として理解することができる[11]。したがって、占領は、敗北した住民を支配し、取り締まり、統治することだけでなく、勝利者・雇用者・管理人・隣人・恋人としての役割を担う占領軍と、敗北者・従業員・立ち退きを命じられた者・仲間としての役割を担う地域住民との間の日常的な相互作用を介して、関係性が変容していく。最近の研究では、ジェンダーの役割や「人種」の認識が占領期間中にどのように機能し、現地の人々と外国軍の間で変化したかを問うことで、これらの遭遇と変容に焦点を当てている[12]。しかし、文献の多くは、占領下における男女の性的な関係に集中しており、他の種類の相互作用は無視・軽視されていると言っても過言でない。したがって今必要とされているのは、これまで取り上げられなかった占領下の家族と現地住民の間の相互作用、特に占領下の家庭やその周辺といった、いわゆる「私的な空間」での男女や子どもたちの経験を含めて、「占領者と被占領者」の日常的で私的な出会いを理解するということなのである。

　占領下の日本とドイツに関する現在の文献では、政治的・軍事的・社会的・文化的文脈を問わず、比較研究は稀である。唯一例外的なのは、マリア・ヘーンとムン・スンソクによる国際比較研究で、米国によるドイツ・韓国・日本の占領下におけるジェンダー・セクシュアリティ・人種・階級に関する認識と実践の変化を検証する論文集である。この研究は、他の多くの研究と同様に、最も影響力のあるアクターとしての米軍の役割を検証しており、ヘーンとスンソクはその存在を「米軍の帝国」と呼んでいる[13]。この「帝国」の性質を特定し、新植民地主義的な構造とその結果とが各国のトランスナショナルな関係に与える影響を明らかにするためには、さまざまな側面を考慮に入れる必要があるとヘーンとスンソクは結論づけている[14]。これまでの研究は個人的な出会いよりも公共政策に焦点を当てているため、これからの研究は個々の占領者と被占領者がどれだけ典型的な例なのか、国境を越えた関係における相互認識の変化について議論していく必要があるだろう。

終 章

　本書執筆のきっかけは、いくつかある。まずは本研究を可能にした多くの人々で、筆頭にあがるのが上智大学名誉教授松尾弌之先生だろう。心からの謝辞を述べておきたい。彼自身の言葉を借りると、戦前日本の「帝国主義者」の子として満洲で生まれ、命からがら能登半島へと引き上げてきた後、チューインガムとチョコレートを気前よくばらまく米軍兵士たちに出くわして、驚愕する。こうした経験のせいか、敗戦国ドイツ生まれの奥さんを娶り、ニューディールに惚れ込んだ歴史家となり、上智大学外国語学部の教員となり、その間に米国国務省にも雇われるなど、バタ臭い人生を送ることになる。その彼が、一肌脱いで1984（昭和59）年に創設したのが、本学図書館7階に今なお存在するアメリカ・カナダ研究所だ。本研究所は、早い段階で特殊文献収集を始めたが、その一つの柱として戦後占領研究資料コレクションがある。松尾氏は、1994（平成6）年にヨーロッパの研究機関と協力して占領共同研究を開催、そして「敗戦50周年」を機に議論が盛り上がった日本占領は、日本史上で稀有の出来事だが、米国をはじめとする連合国側にとっても異例の文化体験であった、という結論に至る。その後は学内共同研究「戦後占領期の文化変容」（1997〜2000年）を企画し、着々と戦後占領研究の基礎を固めていった。

　そもそも上智大学は、設立理念の中に東西文化の架け橋となることを含み、占領研究こそ日本のアメリカ研究者が独自の視点を提供できる数少ない分野だと松尾氏は考えていた。そこで、先行研究者をゲスト講師として招待し、研究会を開催。また高齢化する占領期の目撃者の体験を聴取・記録した。さらに、既述の通り、基礎資料の収集を本学並びに学外助成金をもとに行い、

占領軍資料のマイクロフィルムを中央図書館に所蔵させることとなった。加えて、研究成果を社会還元する目的で、公開学習センターにて戦後占領期をめぐる「研究コース」を通年で開講し、その結果として社会人による自主的な学習会が発足するに至る。この研究グループが注目したのは、本書のように「私的領域」という日米生活での文化遭遇だった。その理由は、松尾氏によると「公的領域」における政治経済や軍事外交といった先行研究は蓄積があり、あえて取り上げる必然性を感じなかったからだという。

　こうしてアメリカ・カナダ研究所のプロジェクトとして立ち上がった占領研究だったが、多くの課題が可視化された。例えば、占領期の研究は日本側研究者によってなされたものが多くを占めており、したがって占領する側の意図や思想に関する情報が不足していた。その一因として、占領期の歴史資料の多くが米国で保管されており、一部はマイクロフィルムなどの形で入手が可能だが、大部分は渡米しなければ閲覧が難しかったからだという。さらに日本側の資料は散逸しており、関係者の存命中に急ぎ収集整理しなければならない。松尾氏による共同研究期間中に数名の関係者を占領の証人として経験談を聞き取ったが、日本近現代史研究の将来のためにも社会民衆史の一コマである占領研究の重要性を訴えていた。そして同じ敗戦国でありながら、戦勝国による占領形態が大きく異なるドイツとの共同・比較研究も課題として浮上したのである。こうした松尾弌之氏主導のアメリカ・カナダ研究所によるお膳立てがあったからこそ、本書という結果が生まれたと言えよう。彼らの先駆的な共同研究活動記録は表の通りである【図表 8 - 1】。

　最後に、本書の企画立案過程、特に研究目的・研究方法・研究実績について整理した上で、残された課題について短くまとめて、お世話になった方々に謝意を表しておきたい。まず本書の構想に至った背景と経緯だが、第 1 章でも触れたように、生家の近くに存在した日本最大の米軍ハウス地区、グラントハイツの影響は大きい。そのためアメリカの存在は私の長年の関心事であった。現在は光が丘が最終駅となっている都営大江戸線の延長計画線上にお住まいの明石紀雄先生とは、学生時代からグラントハイツについてお話し

図表8-1　1997-1999 年度アメリカ・カナダ研究所占領研究活動記録

●学内共同研究

1997-1999 年度 戦後占領期の文化変容

1997. 6.16	占領期日本におけるアメリカの影響　出版物を通して	福島鐵郎
1997. 7.14	女子中等・高等教育の変革	大村はま
1997.10.13	戦後沖縄の文化変容	山里勝己
1997.12.15	占領期の文化変容と検閲	江藤　淳
1998. 5.18	上智大学と占領政策　占領期の世界状況と絡めて	鈴木宣明
1998. 7.13	戦後占領期の文化変容の背景と実体験	奈須紀幸
1998.11.16	占領期におけるアメリカ文化の影響調査のツールについて	福島鐵郎
1998.12.14	戦後占領期の文化変容　その経済的側面	中村隆英

●公開講座　講師：松尾弌之

1999. 4.15	アメリカ現代史概説
1999. 4.22	日本国憲法の成立とアメリカ思想
1999. 5. 6	教育改革の思想
1999. 5.13	農地改革の思想
1999. 5.20	財閥解体の理念
1999. 6. 3	GHQ による広報活動の理念
1999. 6.10	出版物検閲の思想
1999. 6.17	まとめと展望
1999.10.21	ニューディール思想の概説
1999.10.28	教職追放（アンシャンレジームの除去）
1999.11. 4	教科書改革（民主主義定着の手段）
1999.11.11	女子教育改革（抑圧された半分の人口）
1999.11.18	大学改革（知性の管理）
1999.11.25	文字改革（ローマ字化の試み）
1999.12. 2	成人教育（大人の頭脳構造の改革）
1999.12. 9	英語教育（カムカム英語の新鮮）

する機会に恵まれた。それが学術的研究活動に結びつくこととなったのは、共著『忘れられた日米関係』（筑摩書房、1996年）において、ダグラス・マッカーサーが発禁処分にしたヘレン・ミアーズ『アメリカの鏡・日本』について論じた時のことである。共著者の御厨貴先生にはカリフォルニア大学大学院生時代からお世話になっていたこともあり改めて感謝申し上げたい[1]。その後2005（平成17）年度の立命館大学アメリカ研究サマーセミナーが占領期における米軍ハウス研究を始める契機となった。研究発表の機会を与えてくださったセミナー主催者の米山裕さんには筑波大学大学院生時代からのお付き合いがあり御礼申し上げたい。そして、2019（令和元）年10月9日に上智大学アメリカ・カナダ研究所所長としてドイツ研究振興協会（Deutsche Forschungsgemeinschaft, DFG）とライプニッツ講演会を共催した際、幼少期ドイツの米軍ハウスに憧れていたというDFG日本部長から日独比較研究が提案されて国際比較研究へと発展することとなった。この時DFGと研究所の橋渡しをして下さった飯島真里子先生に謝意を表したい。そこからドイツ占領下の英国軍人用接収住宅についてDFG助成金を得て研究中のドイツ人研究者を紹介してもらい、オーストラリア人の日独占領比較研究者を加えたオンライン研究会を重ねて、後述するDFG国際共同研究助成を獲得したことも大きく研究の推進に寄与している。2022（令和4）年度のDFGワークショップを支援して下さった現研究所所長の石井紀子先生に謝辞を述べたい。加えて、原稿を読んで下さった研究所の箕浦美佳さんと鈴木直子さんにも感謝申し上げる。

　改めて振り返ると、本研究の目的は「公的領域」に焦点が当てられてきた従来の占領研究の成果を踏まえた上で、家庭生活等「私的領域」の可視化を目指すことであった。つまり、政治経済・外交軍事・行政法律的側面だけではなく、特に米軍ハウスでの日常生活における人々の「遭遇」にも着目し、米軍ハウスの設計平面図や双方の言語で書かれた家事指南書、屋内外で撮影された写真、雑誌のインタビュー記事などをもとに、被占領者が占領者である軍人やその妻や子どもといかに接触したのかを検討し、その受容・拒絶や

相互変容の解明が目標だった。

　より具体的には、戦後の物資不足の中で短期間に2万余の接収住宅と新築住宅、そこに備え付ける約100万点の家具什器を供給せよというGHQ/SCAPの要求はその後の日本の建築・住宅産業・家具産業等に物質的な影響を与えたことが建築史学的にも明らかになっているが、改めて歴史学的視点から人的接触の分析を目指した。また、女性学分野では占領軍男性兵士と被占領女性との性的関係＝非対称的権力構造であったことが明らかにされてきたが、今回は米軍ハウスにおける接触に注目することで、占領者と被占領者との関係が、必ずしも固定的・片務的ではなく、むしろ流動的・双方向的な側面があったという可能性について検討した。したがって、戦後占領期の語り／られ方にも多様性が見て取れるのであった。

　本書の執筆準備と並行して、2020（令和2）年度にDFGから国際共同研究（BL 1691/2-1）の支援を受け、占領ドイツにおける英国軍人用接収住宅の研究者ベティナ・ブラム（独パダボン大学）、占領日本における英連邦軍研究者ロウェナ・ウォード（豪ウーロンゴン大学）、日独女性史比較研究者クリスティン・デ・マトス（豪ノートルダム大学）と共に国際シンポジウムやワークショップ開催、雑誌論文の共同執筆、国際学会のパネル組織、さらに歴史展示も行った。以下にその例を挙げる。

・上智大学でのシンポジウム（2020年11月20日[2]）に米軍ハウス研究の重要性を主張する応募者を含む4名全員が登壇して、日独占領下における私的領域の比較研究事例を発表し、その結果を共著論文「第二次大戦後占領生活空間における遭遇　日独比較史的研究の可能性について」『上智大学外国語学部紀要』第55号、159-179頁にまとめた（その一部は本章で引いている）。続いてウーロンゴン大学でのワークショップ（2021年4月29日）では米軍ハウス設計図とアドバイス文献を考察した応募者を含む4名全員が、新たな事例研究に基づく考察を発表した。
・第12回国際アジア学会（2021年8月27日）とオーストラリア日本研究年次

大会（2021年9月30日）では、ウォード氏と共にパネルを組み、「私的領域」研究を行う際の留意点、すなわち個人の記憶や勝者の記録を史料批判しつつ用いる場合の諸課題について議論を行った。

・「千代田区に埋もれた戦後のアメリカ生活を発掘する——パレスハイツ、ジェファーソンハイツ、リンカーンセンターを事例にして」として千代田区から2021年度「千代田学」事業提案制度支援を得て、かつて同区にあった米軍ハウス地区、パレスハイツ・ジェファーソンハイツ・リンカーンセンターにおける日米文化遭遇に関する調査を行った。その成果を企画展「千代田区に埋もれた戦後のアメリカ生活を発掘する——米軍ハウスを事例にして」（中央図書館1階 2022年3月23日〜6月13日、6号館1階 2022年3月23日〜12月13日）として学内外に公開した。本展示では上智大学アメリカ・カナダ研究所を通して収集した国土地理院航空写真などの記録映像、日英両語の貴重本や同時代史資料、さらに占領軍人家族が残したスクラップブックなどの貴重資料開示も行った。

・DFGワークショップ「第二次大戦後占領生活空間における遭遇」（2022年9月15〜20日）では最終日に「ラウンドテーブルディスカッション　日独比較史的研究の可能性について」を行った[3]。

・2023年1月7日には学会発表 "Trans-Cultural Encounter in Occupied Japan? Race, Gender, Class in Post-WWII 'Private Sphere'" The 3rd IAFOR International Conference on Arts & Humanities in Hawaii(IICAH 2023), January 5-8, Honolulu Convention Center, Hawaii, USA を行った。

以上の活動からある程度成果が出た例を挙げてみる。

・米軍ハウスの間取り図を用いて建築学的史料を解釈する眼差しを刷新できる。例えば住み込みメイド用の部屋とそれに隣接するトイレが、占領軍人家族用の風呂トイレとは別に置かれている理由を分析すると、「戦前の中上流階級家屋に見られた女中部屋とそれに隣接する厠という建築史的連

続」か「アメリカ南部家庭における黒人メイドとトイレを共有しない人種主義の導入」なのかという設計者と利用者の考えを検証できる。

・料理法や提供方法、洗濯掃除や育児方法など占領下で検閲されたアドバイス文献の中のどの点が「修正」対象となったのかを検証することで、理想とされた占領軍家族と被雇用者との関係性、すなわち誰が誰を模倣すべきとされたのかが明らかとなる。

・記録写真からは、指導する奥様と指導される家政婦という一方的な関係ではない例を読み取ることができる。例えば米国国立公文書館（NARA）所蔵写真の中に、ナイフとフォークを持つ占領者夫人を写したものがある。これは西欧風カトラリーの正しい使い方を教示していると即断しがちだが、よく見ると日本人メイドが箸を持ち示しているので、マナーに関する主体と客体との単純ではない関係を見て取ることができる。

　今後は、占領側が人材と資材の両面において圧倒的に有利な立場で情報を残した点を踏まえ、上記のような文字・非文字史料を一次史料として活用する際には情報の偏りに留意して扱っていきたい。そして既存の研究動向を踏まえ、国際共同研究へと発展させるための道標も示しておきたい。残された研究課題として、分析すべき重要な問題群は以下の通りである。

・日本（米英連邦占領地域）とドイツ（米英占領地域）とにおける占領軍家族の私的空間はどのように構築され、組織化され、取り締まりが行われていたのか？これらの外から来た住民と地元住民との間には、意思疎通の道筋が存在していたか？占領下の家族のために建設されたインフラは、異なる文化集団の遭遇を促進あるいは阻害していたのか？

・人種・階級・ジェンダーの概念は、占拠された空間の構築や区分けにとってどれほど重要だったのか？これらの概念は、占拠者の家族と地域住民の両方にどの程度の影響を与えたのか？

・占領軍の一員として異国に派遣された家族と、占領下に置かれた現地の

人々はどのような方法で自分たちの立場を確立したのだろうか？また、それは「占有者と被占拠者」という二分法に影響を与えたのだろうか？

・二つの占領体験の間には、上記のような類似点と相違点があるのだろうか？これらの類似点と相違点をどのように説明することができるだろうか？

・占領の終わりに扶養家族用住宅が建てられた空間はどうなったのか？これらの空間が建設された地域の住民や政府、軍隊は占領期間をどのように記憶しているのか？

・これらの空間での「占領者と被占領者」の経験はどのようにして、戦勝国と敗戦国との間における将来の関係を形作っていったのだろうか？

　日本とドイツの「占領者と被占領者」の私的な経験を比較対照することで、見落としがちな類似点や相違点が浮かび上がってくるだろう。これは、占領ゾーンや地域的多様性を比較することで、それぞれの占領地の中でも、占領地間でも同様に適用され、異同が明確化される。これまで典型的に繰り返されてきたのは、米国に焦点を当てることで、日本の占領は「主に米国の問題」として記憶され、BCOFの存在を軽視ないしは無視した語りが支配的であった。[4] ドイツの占領にはより多くの国からの参加者がいたが、フランスやソ連は日本に占領軍を提供していなかったため、その両方に参加した者（米国と英連邦）に限定して比較を行うことから研究を始めるべきだろう。こうした新しい研究が提起するのは、日本とドイツの占領を真の意味で比較分析するために、占領家族のために作られた空間や現地の人々との相互作用、すなわち、占領が公共の場としてというよりも、私的な場でどのように行われたかを詳細に検討することを目的とした、将来の国際的な研究プロジェクトの可能性だろう。[5] 換言すれば、多面的国際比較を視野に、日本・米国・英国・豪州における分野横断的一次史料を分析、日常生活の中での占領者と被占領者との相互変容を伴う関係性を解明する必要がある。

　その際、留意したい点は以下の通りである。これまで占領研究は、第二次

世界大戦後の日本とドイツに限らず、強い占領者と従う被占領者という二元論的枠組みの中で、日本占領ならば、憲法改正・公職追放・財閥解体・農地解放・教育改革・情報統制などの「公的領域」に焦点を当て、社会的影響力を持つ「男性」の歴史的役割を重視する「アメリカ」中心の分析だった。こうした現状を打開するため、歴史学・国際関係学・建築学・女性学・メディア学などの分野を横断する地域研究の手法を用い、多層的国際比較が可能となるだろう。

　また、占領軍家族のために接収または建てられた「住まい」という空間において、占領する者とされる者との日常生活場面における関係性は、遭遇という概念にふさわしく相互作用的であった。なかでも冷戦期のプロパガンダ合戦において、海外に派遣された軍人家族は、「非公式大使」つまり理想の父親・母親・子ども、夫や妻として振る舞うことが求められ、他方で占領軍を迎える現地人も友好的関係を結ぶべきだと考えられた。こうした理念と現実との親和性や乖離を詳細に考察することは、過去の占領を美化する風潮を再考する時のみならず、未来の異文化遭遇に当たって考慮すべき多様な課題を整理する上でも大きな貢献となりうる。

　そして、言語文化的な障壁から忌避されてきたマルチアーカイブ調査に基づく国際比較は、占領研究に限らず、個人研究では難しいが、共同研究の好機となる。日本とドイツは、歴史・民族・宗教・生活様式などが大きく異なり、文字通り地球の反対側に位置する。しかし、異国に派遣された家族や、占領下に置かれた現地の人々に、文化の違いがどう影響したのか、国境を越えた関係に相違性や類似性があるのか、という新しい設問が提起され、さらに豪日交流基金助成金の支援を得て[6]、今後新たな国際共同研究が可能になるだろう[7]。

注

●序章

1　米軍ハウスに焦点を当てる本書では、第2章で詳述するように短期間だが中国・四国地方に進駐した英連邦占領軍（British Commonwealth Occupation Force, BCOF）も含むため、厳密に言うと「日米」を超えた関係を扱う。

2　油井大三郎「民主主義と日本国憲法 ――平和思想と国際民主主義の模索」『図書館連続講座2022：民主主義について考える』（2022年10月28日、能代高等学校図書館）。
　「平和的生存権」を主張した鈴木義男の役割に注目した油井大三郎によれば、日本国憲法に関して米国の占領軍（GHQ）による「押し付け」との議論がある一方、憲法9条に関しては、日本も批准した1928年の不戦条約内の文言「国家の政策手段としての戦争放棄」との類似性も指摘されており、国際的な平和思想の反映という解釈もあるとする。つまり、9条に対しては、戦前からの国際的な平和思想や民主主義の国際化＝国際民主主義の影響という文脈の検討が必要だとしている。

3　占領研究の潮流に関しては、竹前栄治「占領研究40年」『現代法学 / 東京経済大学現代法学会誌』第8号（2005年）21-44頁を参照。なお「押し付け論」代表作として、Richard B. Finn, *Winners in Peace: MacArthur, Yoshida, and Postwar Japan* (Berkeley: University of California Press, 1992), 28-39; Howard B. Schonberger, *Aftermath of War: Americans and the Remaking of Japan, 1945-1952* (Kent: Kent State University Press, 1989), 40-198; Christopher Aldous, *The Police in Occupation Japan: Control, Corruption, and Resistance to Reform* (London: Routledge, 1997), 43-66、「未完論」として油井大三郎『未完の占領改革――アメリカ知識人と捨てられた日本民主化構想』（東京大学出版会、1989年、増補新装版2016年）などがある。また、John W. Dower, *Embracing Defeat: Japan in the Wake of World War II* (New York: Norton, 1999) の「敗戦受容論」、Roger Dingman, "Unexpected Gifts: The Impact and Legacy of the Pacific War in America" 防衛省防衛研究所2012年フォーラム http://www.nids.mod.go.jp/english/event/forum/pdf/2012/08.pdf の「米国人変容論」も参照。

4　例えば以下の既存の研究を参照。吉見俊哉「アメリカナイゼーションと文化の政治学」井上俊ほか編『岩波講座 現代社会学』第1巻（岩波書店、1997年）、吉見俊哉「大正期におけるメディア・イベントの形成と中産階級のユートピアとしての郊外」『東京大学新聞研究所紀要』第41巻（1990年）141-152頁。日本における中産階級的核家族像は、大正期（1912-1926年）から1970年代までの長期間にわたって構築されていったものである。占領期の、特に米軍ハウスが日本社会に与えた影響は、その意味において

多の中の一であることに異論はなかろう。Zsombor Rajkai, "Good Wife, Wise Mother, and Americanised Consumer: The Forced Social Democratization of the Private Sphere in Occupied Japan," in *The Economic and Business History of Occupied Japan*, ed. Thomas French (New York: Routledge, 2018), 171-188は、占領期が戦後の「サラリーマン・専業主婦」モデルと消費構造の拡大に貢献したと結論づけている。吉見俊哉「ポスト戦争としてのオリンピック——1964年東京大会を再考する」『マス・コミュニケーション研究』第86巻（2015年）19-37頁も参照。

5　例えば亀井俊介『アメリカ文化と日本——「拝米」と「排米」を超えて』（岩波書店、2000年）、吉見俊哉『親米と反米——戦後日本の政治的無意識』（岩波書店、2007年）がある。大衆文化論における最近の研究例は、北村洋「アメリカを『弄る』日本映画と戦後日米関係について」『立教アメリカン・スタディーズ』第38巻（2016年）61-80頁、是澤博昭「玩具にみる日本の近代史——アメリカへの複雑なおもい」（共同研究：モノにみる近代日本の子どもの文化と社会の総合的研究——国立民族学博物館所蔵多田コレクションを中心に）『民博通信』第158号（2017年）26-27頁などを参照。

6　小泉和子ほか『占領軍住宅の記録（上）——日本の生活スタイルの原点となったデペンデントハウス』（住まいの図書館出版局、1999年）、小泉和子ほか『占領軍住宅の記録（下）——デペンデントハウスが残した建築・家具・什器』（住まいの図書館出版局、1999年）の指摘を待つまでもなく、第二次世界大戦後、日本人はアメリカの影響を強く受け、それまでの生活様式を一変させた。そのアメリカ化の一つの大きな契機が米軍ハウスである。戦後の極端に物資が欠乏していた状況下で、高品質の住宅建設が求められ、さらに膨大な量の家具や什器から家庭電化製品までを極めて短い時間で用意することを占領下の日本は要求された。こうした厳しい条件に応えることにより、日本は復興の契機を掴み、多くの産業の飛躍的な向上を実現するに至る。結果として、戦後日本人の生活史において大きな転換点となった、というのが建築史家の解釈である。

7　伊藤潤「日本の住宅内外の家電製品とその色の変遷」（博士論文、東京大学、2018年）。豊口克平、小池岩太郎監修『インダストリアルデザイン2——家庭用品とパッケージデザイン』（技報堂、1959年）、久保道正編『家電製品にみる暮らしの戦後史』（ミリオン書房、1991年）も参照。

8　須藤貞男「家庭用扇風機の歴史と現状」『ターボ機械』第8巻 第7号（1980年）391-397頁。

9　小泉和子「家具・インテリアにみる近代化——洋風家具と家電製品があふれる現代住宅　これからの日本の家具文化のゆくえ」『すまいろん』第12巻（1989年）59頁。注目すべき点として、小泉は論考の最後（62頁）で家具近代化の問題点を挙げている。洋風化が進む一方で、床座も畳もなくならず、屋内で靴を脱ぐ習慣も根強い。そもそも西洋人と同じになることが必要なのかどうか再度自問自答すべきなのではないか。日本国内各地方の特色や伝統、風土性を無視あるいは軽視した国籍不明の西洋風、あるいは近代的な家具やインテリアで覆われた生活空間は、日本人の暮らしにあった住まい方なのだろうか、と。これらの問いは、占領期真っ只中の1949年に、占領軍払い下げ材で建てられた戸山ハイツを論じた『工藝ニュース』でも取り上げられていた。

まさに第2章で触れる古くて新しい課題なのである。

10　連合国最高司令官指令 (Supreme Commander for the Allied Powers [SCAP] Directive)。
　　連合国最高司令官（SCAP）から日本国政府宛てに発せられた指示及び訓令である。
　　SCAP Index Number と呼ばれる番号が付されたため略して SCAPIN（スキャッピン）
　　と呼ばれる。

11　商工省工藝指導所編『デペンデントハウス──連合軍家族用住宅集區』（英文名
　　Dependents Housing: Japan & Korea）（技術資料刊行會、1948年）229頁。

12　Eiji Takemae, *Inside GHQ: The Allied Occupation of Japan and Its Legacy*, trans. Robert
　　Ricketts and Sebastian Swann (London: Continuum, 2002), 141.

13　USAFPAC の重要性について研究している歴史家ミルズが強調しているのは、占領関
　　連経費の大半を負担した日本政府が（GHQ/SCAP のある）中央で調達費用をまかな
　　う一方、大量の資材と労力は（USAFPAC が実働する）地方で調達された点である。
　　この調達が全国各地にもたらした経済的効果に加えて、米軍が持ち込んだ物資は、戦
　　後の厳しい欠乏の中で生きる住民にとって生活の糧となった。日本政府が調達の責任
　　を負っていたため、占領軍関係者は費用を抑えるよりも米軍ハウスを含む巨大インフ
　　ラの完成を優先し、その結果、多くの日本企業や請負業者が価格をつり上げ、明らか
　　な汚職や接待を行うようになった。また米軍は生産割当を満たすための奨励品として、
　　余剰備蓄物資を日本人労働者に定期的に放出したり、民間救済という形で日本人に直
　　接物資を配給したりした。その他にも、多くの日本人が米軍兵士との物々交換や窃盗
　　によって、違法にアメリカ製品を入手していた。アメリカの物質的な富は非常に珍重
　　され、米軍基地から出るゴミでさえも、何千人もの人々の生活と利益の源として争奪
　　戦になった。多くの歴史家が、戦後の荒廃と配給制度崩壊の中にある日本において、
　　闇市がいかに栄養と物資の供給源となったかを明らかにしている。Connor Martin
　　Mills, "Base Towns: Everyday Life in and around the Garrisons of Postwar Japan,
　　1945-1954," (PhD diss., Princeton University, 2020).

14　軍隊の駐屯地（兵営）・施設・艦船内等に設けられ、主に軍人軍属たる下士官や同相
　　当官を対象に主に日用品・嗜好品を安価で提供していた売店。

15　上智大学アメリカ・カナダ研究所編『北米研究入門2──「ナショナル」と向き合う』
　　（上智大学出版、2019年）、上智大学アメリカ・カナダ研究所編『北米研究入門──「ナ
　　ショナル」を問い直す』（上智大学出版、2015年）。

16　例えば奥出直人『アメリカンホームの文化史──生活・私有・消費のメカニズム』（住
　　まいの図書出版局、1988年）。他にもドロレス・ハイデン『家事大革命──アメリカ
　　の住宅、近隣、都市におけるフェミニスト・デザインの歴史』（野口美智子ほか訳、
　　勁草書房、1985年）、エレン・タイラー・メイ「第8章　変わる離婚の理由──大衆消
　　費時代の出現」カール・N・デグラーほか『アメリカのおんなたち──愛と性と家族
　　の歴史』（立原宏要ほか訳、教育社、1986年）、ロバート・フィッシュマン『ブルジョア・
　　ユートピア──郊外住宅地の盛衰』（小森和子訳、勁草書房、1990年）、ドロレス・ハ
　　イデン『アメリカン・ドリームの再構築──住宅、仕事、家庭生活の未来』（野口美
　　智子ほか訳、勁草書房、1991年）、サラ・A・レヴィット『アメリカの家庭と住宅の

文化史——家事アドバイザーの誕生』（岩野雅子ほか訳、彩流社、2014年）を参照。

17 笹部健「〈書評論文〉近現代を歴史記述することの困難と可能性」『KG 社会学批評 —— KG Sociological Review』創刊号（2012年）27頁、長志珠絵『占領期・占領空間 と戦争の記憶』（有志舎、2013年）も参照。

●第1章

1　東京と横浜の接収住宅に関しては、日本国内資料も米軍文書も記録が豊富なため、1990年以降、建築史や都市史の分野で考察が進み、佐藤洋一らによる先駆的な実態解明、木口なつみらの京都事例、羽田博昭の横浜事例が続き、占領期の住宅政策についても前田昭彦らの蓄積がある。村上しほりほか「占領下日本における部隊配備と占領軍家族住宅の様相」『日本建築学会計画系論文集』第82巻 第739号（2017年）2441頁。

　　一方、日本建築史について研究した村上らは、占領下日本における占領軍家族住宅の様相は考察が遅れていると指摘する。事実、第二次世界大戦後、占領軍の間接統治下に置かれた日本の生活空間についての研究は政治経済や外交軍事と比較すると発展途上である。占領軍にとって生活の拠点であった米軍ハウスにおける占領軍家族と日本人との関わりを把握することが急務であるが、その研究はいまだ不十分であるとする。占領軍は日本に滞在するにあたっても快適性を追求し、運動場や図書館などの娯楽・保養施設を計画的に整備し、スポーツ大会開催など多様なプログラムを企画した。こうした占領軍将兵やその家族などにとっての生活の質を上げていくための営為が、生活復旧・復興途上の日本人の暮らし方にも大きな影響を及ぼしていくことになる。しかし、戦後日本各地に進駐したGHQの宿営地は高い金網と武装衛兵によって日本社会から隔てられ、内部の兵舎建築や生活様式の実態を同時代的に知ることは、占領軍の厳しい情報統制も相まって難しかった。さらに、その後それらの米軍ハウスやカマボコ型兵舎（Quonset Hut）は撤去され、接収解除となった民間建築とともに、十分な記録が残されていない。このような要因によって、占領期の米軍ハウスの実態解明は遅々として進んでいないのである。1950年代に始まった逗子市（旧横須賀市）の池子駐留接収地の返還請求運動や大阪市立大学にあったキャンプサカイの杉本町返還運動のように、接収解除に向けた活動があった場合に記録が残されることはある。しかし接収が社会問題化せずに解除された場合には、米軍ハウスや兵舎の物質的撤去とともに忘れ去られていく。村上しほりほか「占領下日本における部隊配備と占領軍家族住宅の様相」2442頁。なお占領期をはじめとする関東地方における米軍に関する記念碑と忘却については、大平晃久「関東地方における米軍基地跡地の記憶と景観」『日本地理学会発表要旨集　2017年度日本地理学会秋季学術大会』https://doi.org/10.14866/ajg.2017a.0_100080を参照。

　　本書が扱う日本最大の米軍ハウス地区グラントハイツのように、意図的に消し去られた景観を含め、占領期日本における生活空間の大きな変容について、全体像を把握することは難しいが、日本国内の代表的資料である調達庁による同時代史的記録『占領軍調達史』に依拠しつつ、地方自治体による史料を併用し、米軍ハウスの検証を進めていくことは可能である。まずは占領軍調達に関わった国内機関と、調達に関する法律の制定を概観し、家族住宅・兵舎・飛行場・その他基地などが占領軍設営工事の対象となり、その大半が終戦処理費によって支弁されていった点が明らかにできよう。占領初期の1946（昭和21）年から48（昭和23）年にかけての要求量が多く、これ以降は整備が進むにつれて減少していく過程を含め、その後の住宅がどうなっていったのかも考察したい。

2　「眩しさ」という意味においては、森一郎「成増のアメリカン・スクール訪問記──読書指導の見学を主眼とする」『新しい中学校』第15号（1950年1月）の冒頭部分が象

徴的だろう。|東武線沿線の名所の一つとして成増にアメリカ村が出来ている、戸数約一千、一度その地域に足を踏み入れると、全く変わった気分が溢れている。知何にも衛生的で、清潔で、明るくのびのびした村の印象であるその村の少年少女たちが学ぶ学校がアメリカン・スクールで、筆者はハイスクールの方に刺を通した。見るからに瀟洒たる建物で運動場も広い。こんな学校が早く日本の到る所に建てばよいがと先づ羨望が先にたつ」。

3　本書に掲載したグラントハイツに関する写真は、練馬区わがまち資料館にオープンソースとして公表されている。https://jmapps.ne.jp/nerima_archives/.

4　小塩和人「アメリカ（史）研究との出会い」上智大学外国語学部英語学科編『新・地域研究のすすめ　英語圏編　改訂版』（上智大学外国語学部、2011年）87-107頁。

5　日本における「DK」という和製英語は、1955年に設立された日本住宅公団の初代建築部設計課課長の本城和彦が命名したと言われている。そのDKの史的展開に関しては以下の論考を参照。北川圭子、大垣直明「わが国におけるダイニング・キッチン成立過程に関する研究」『日本建築学会計画系論文集』第576号（2004年）171-177頁。

6　第二次世界大戦前に提言されていた食事と就寝の空間を分ける住宅概念については、西山夘三「住居空間の用途構成に於ける食寝分離論」『建築学会論文集』第25巻（1942年）149-155頁を参照。なお、新井竜治によると「1950-60年代の集合住宅におけるDKの普及は保守的な家庭生活様式の変化を促し、集合住宅においてもイス坐が徐々に普及した」という。新井竜治「戦後日本の主要木製家具メーカーの家具レイアウト・サイズの変遷と住居の間取りとの関係」『共栄大学研究論』第12巻（2014年）119-143頁。また鈴木成文氏は「集合住宅におけるDKの普及と同時に、それを追って普及した洋風居間（リビングルーム）の普及は、建築的形態の変化よりも、イス坐洋風家具［ソファ］の導入という生活現象の方が先行した」と指摘している。鈴木成文『住まいを語る――体験記述による日本住居現代史』（建築資料研究社、2002年）34-36頁。この鈴木成文の指摘は、沢田知子氏による「［1960年代後半以降の］和室にカーペットを敷いてソファとテレビを置いて洋室の居間に変えるという現象」によって補完されている。沢田知子『ユカ坐・イス坐』（住まい図書館出版局、1995年）158-161頁。そして青木俊哉によると「千葉県松戸市立博物館が再現した常盤台団地の2DK（1960年）の暮らしでは、6畳の就寝室にカーペットを敷いて、長椅子1脚と安楽椅子2脚が対向型に配置されている」のである。青木俊也『再現・昭和30年代団地2DKの暮らし』（河出書房新社、2001年）28-33頁。これらの情報を提供してくださった松戸市立博物館学芸員山田尚彦氏に感謝したい。

7　Joseph Gerson and Bruce Birchard, eds., *The Sun Never Sets: Confronting the Network of Foreign U.S. Military Bases* (Boston: South End Press, 1991)；ジョセフ・ガーソン、ブルース・バーチャード編著『ザ・サン・ネバー・セッツ――世界を覆う米軍基地』（佐藤昌一郎監訳、新日本出版社、1994年）。

8　Alexander Cooley, *Base Politics: Democratic Change and the U.S. Military Overseas* (Ithaca: Cornell University Press, 2012); Catherine Lutz, ed., *The Bases of Empire: The Global Struggle Against US Military Posts* (New York: New York University Press, 2009);

Pamela R. Frese and Margaret C. Harrell, eds., *Anthropology and the United States Military: Coming of Age in the Twenty-First Century* (New York: Palgrave, 2003).

9　川名晋史『基地の政治学——戦後米国の海外基地拡大政策の起源』（白桃書房、2012年）、Kent E. Calder, *Embattled Garrisons: Comparative Base Politics and American Globalism* (Princeton: Princeton University Press, 2007); ケント・E・カルダー『米軍再編の政治学——駐留米軍と海外基地のゆくえ』（武井楊一訳、日本経済新聞出版社、2012年）。

10　*Stars and Stripes,* 21 September 1945.

11　Donna Alvah, "US Military Personnel and Families Abroad: Gender, Sexuality, Race, and Power in the US Military's Relations with Foreign Nations and Local Inhabitants during Wartime," in *The Routledge History of Gender, War, and the U.S. Military,* ed. Kara Divon Vuic (New York: Routledge, 2017), 247-268; Donna Alvah, "US Military Wives in the Philippines, from the Philippine War to World War II," in *A Companion to Women's Military History,* ed. Barton C. Hacker and Margaret Vining (New York: Brill, 2012), 431-452; Donna Alvah, " 'I Am Too Young to Die': Children and the Cold War," *Organization of American Historians Magazine of History* 24, no.4 (2010): 25-28; Donna Alvah, *Unofficial Ambassadors: American Military Families Overseas and the Cold War, 1946-1965* (New York: New York University Press, 2007); Donna Alvah, " 'Unofficial Ambassadors': American Military Families Overseas and Cold War Foreign Relations, 1945–1965," (PhD diss., University of California, Davis, 2000); Donna Alvah, "American Military Families Overseas and Early Cold War Foreign Relations," *Minerva: Quarterly Report on Women and the Military* 18, no.1 (2000): 19.

12　細谷雄一「上席研究員による『歴史認識問題を考える書籍紹介』」（東京財団政策研究所、2015 年）https://www.tkfd.or.jp/research/detail.php?id=1424 。

13　アン・シェリフ「想像上の戦争——文化にとって冷戦とは何か〈ワークショップ論説〉」『アジア社会文化研究』第14号（2013年）49-63頁。

14　今村洋一によると、終戦直後から占領軍が使用していない旧軍用地は日本人が例えば耕作地として使用することができた。「東京都内の大規模な旧軍用地及び旧軍建物の1948 年の使用状況」『都市計画報告集』第19巻 第3号（2020年）306頁。

15　*Saturday Evening Post,* 6 October 1945.

16　*Stars and Stripes,* 17 September 1945.

17　A. Perry Biddiscombe, "Dangerous Liaisons: The Anti-Fraternization Movement in the U.S. Occupation Zones of Germany and Austria, 1945-1948," *Journal of Social History* 34, no.3 (2001): 611-647.

18　*Stars and Stripes,* 24 September 1945, 26 September 1945, 27 September 1945.

19　John. W. Lemza, *American Military Communities in West Germany: Life in the Cold War Badlands, 1945-1990* (Jefferson: McFarland & Company, 2016).

20 メイドについては第5章で詳しく論ずるが、数少ない貴重なインタビュー記録として以下を参照。清水美知子「第5章　戦後復興期の女中」『＜女中＞イメージの家庭文化史』(世界思想社、2004年) 147-170頁、坂井博美、玉城愛「第7章　占領軍家庭のメイド」小泉和子編『女中がいた昭和』(河出書房新社、2012年) 126-147頁、有吉みち子「『キャンプ・ハカタ』のハウスメイドとして」戦後の女性記録継承プロジェクト福岡女性史研究会『福岡女たちの戦後 Fukuoka Women's History』第2号 (2017年) 44-54頁、安藤栄雄「芦屋基地　あるハウスボーイの経験」戦後の女性記録継承プロジェクト福岡女性史研究会『福岡女たちの戦後 Fukuoka Women's History』第2号 (2017年) 55-61頁。さらに「ご主人の武夫さんについて＝上　米国占領下、強いられた沈黙　従軍の傷痕、脚に心に」『毎日新聞』2020年6月25日、キャンプハカタでハウスボーイ、メイドとして働いていた父母を持つIR誘致促進委員会会長・井上準之助「西戸崎へのアメリカ系IR誘致により住民が住み続ける元気なまちへ」NetIB-NEWS　2020年11月3日 https://www.data-max.co.jp/article/38399 も参照。

21 ジョセフ・S・ナイ『ソフトパワー——21世紀国際政治を制する見えざる力』(山岡洋一訳、日本経済新聞社、2004年)、ジョセフ・S・ナイ『スマート・パワー——21世紀を支配する新しい力』(山岡洋一ほか訳、日本経済新聞社、2011年)。

22 Maria Höhn and Seungsook Moon, eds., *Over There: Living with the U.S. Military Empire from World War Two to the Present* (Durham: Duke University Press, 2010); W. J. Oliver, "Making Military Wives: Militarizing Social Reproduction of Military Families," (PhD diss., Syracuse University, 2020).

23 Susan L. Carruthers, *The Good Occupation: American Soldiers and the Hazards of Peace* (Cambridge, MA: Harvard University Press, 2016); スーザン・L・カラザース『良い占領？——第二次大戦後の日独で米兵は何をしたか』(小滝陽訳、人文書院、2019年)。

24 沖縄占領研究は大変数多くあるが、今世紀に限った最近の出版例は以下の通り。我部政男『日本近代史のなかの沖縄』(不二出版、2021年)、謝花直美『戦後沖縄と復興の「異音」米軍占領下復興を求めた人々の生存と希望』(有志舎、2021年)、萩原真美『占領下沖縄の学校教育　沖縄の社会科成立過程にみる教育制度・教科書・教育課程』(六花出版、2021年)、小林武『沖縄憲法史考』(日本評論社、2020年)、大城冝武『風刺マンガで読み解く米軍占領下の沖縄——1950年代・「島ぐるみ闘争」の時代』(沖縄タイムス社、2020年)、貴志俊彦、泉水英計，名嘉山リサ編著『よみがえる沖縄米国施政権下のテレビ映像——琉球列島米国民政府 (USCAR) の時代』(不二出版、2020年)、コンペル ラドミール『長い終戦——戦後初期の沖縄分離をめぐる行政過程』(成文社、2020年)、江利川春雄監修・解題『敗戦・占領下の英語』(ゆまに書房、2019年)、溝口聡『アメリカ占領期の沖縄高等教育——文化冷戦時代の民主教育の光と影』(吉田書店、2019年)、マイク・モラスキー『占領の記憶記憶の占領——戦後沖縄・日本とアメリカ』(鈴木直子訳、岩波書店、2018年)、藤澤健一『移行する沖縄の教員世界——戦時体制から米軍占領下へ』(不二出版、2016年)、喜納育江編著『交差するアイデンティティ』(大月書店、2016年)、若林千代『ジープと砂塵——米軍占領下沖縄の政治社会と東アジア冷戦1945-1950』(有志舎、2015年)、明田川融監修『占領期年表——1945-1952年：沖縄・憲法・日米安保』(創元社、2015年)、「戦争と女性への暴力」リサーチ・アク

ション・センター編『日本人「慰安婦」――愛国心と人身売買と』（現代書館、2015年）、吉本秀子『米国の沖縄占領と情報政策――軍事主義の矛盾とカモフラージュ』（春風社、2015年）、川平成雄『沖縄返還と通貨パニック』（吉川弘文館、2015年）、田中雅一編『軍隊の文化人類学』（風響社、2015年）、福永文夫『日本占領史1945-1952 東京・ワシントン・沖縄』（中央公論新社、2014年）、田仲康博編『占領者のまなざし――沖縄／日本／米国の戦後』（せりか書房、2013年）、野田公夫編『日本帝国圏の農林資源開発――「資源化」と総力戦体制の東アジア』（京都大学学術出版会、2013年）、川平成雄『沖縄占領下を生き抜く――軍用地・通貨・毒ガス』（吉川弘文館、2012年）、杉原泰雄、樋口陽一、森英樹編『戦後法学と憲法――歴史・現状・展望：長谷川正安先生追悼論集』（日本評論社、2012年）、川平成雄『沖縄空白の一年――1945-1946』（吉川弘文館、2011年）、藤原書店編集部編『「沖縄問題」とは何か――「琉球処分」から基地問題まで』（藤原書店、2011年）、田仲康博『風景の裂け目――沖縄、占領の今』（せりか書房、2010年）、吉田裕久『占領下沖縄・奄美国語教科書研究』（風間書房、2010年）、屋嘉比収『沖縄戦、米軍占領史を学びなおす――記憶をいかに継承するか』（世織書房、2009年）、鹿野政直『鹿野政直思想史論集』第1巻 - 第7巻（岩波書店、2007-2008年）、中野敏男ほか編著『沖縄の占領と日本の復興――植民地主義はいかに継続したか』（青弓社、2006年）、中野育男『米国統治下沖縄の社会と法』（専修大学出版局、2005年）、黒澤亜里子編『沖国大がアメリカに占領された日――8・13米軍ヘリ墜落事件から見えてきた沖縄／日本の縮図』（青土社、2005年）、ロバート・D・エルドリッヂ『奄美返還と日米関係――戦後アメリカの奄美・沖縄占領とアジア戦略』（南方新社、2003年）、琉球新報社編『沖縄20世紀の光芒』（琉球新報社、2000年）、「沖縄を知る事典」編集委員会編『沖縄を知る事典』（日外アソシエーツ、2000年）、石原昌家『沖縄の旅・アブチラガマと轟の壕――国内が戦場になったとき』（集英社、2000年）。

25 T. Field, Jr., J. L. Mickenberg, L. Clune, M. Brennan, Donna Alvah, and V. M. Grieve, "A Roundtable for Victoria M. Grieve, *Little Cold Warriors: American Childhood in the 1950s*," *Passport 2019* https://commons.erau.edu/publication/1402.

26 子ども時代に日本占領期を経験した集団の例として、本書が扱うグラントハイツにあったアメリカンスクールについてのホームページがあり、最後にアップデートされたのは2016年8月2日で、そこには73名の卒業生の名前も列挙されている。https://narimasu.org/time-line/ 林寿美子「『アメリカン・スクール』の背景」『日本文学誌要』第72巻（2005年）60-68頁も参照。林の論考は、1950（昭和25）年1月発行の雑誌『新しい中学校』第15号に掲載された森一郎「成増のアメリカン・スクール訪問記」と1955（昭和30）年の芥川賞受賞作品、小島信夫の小説「アメリカン・スクール」『文学界』（1954年）について論じている。

27 練馬区史編さん協議会編「練馬の中のアメリカ」『練馬区独立30周年記念　練馬区史（現勢編）』（東京都練馬区、1981年）127頁。

28 17名の回想文執筆者は、掲載順に三宅松茂（東京都神田区錦華校2年）、秋山周三（東京都神田区錦華校2年）、鶴岡弘子（東京都神田区錦華校3年）、木村正（東京都神田区錦華校3年）、島俊夫（東京都神田区錦華校4年）、木村博充（東京都神田区錦華校4年）、小林秀子（東京都神田区錦華校4年）、高城順子（神奈川県浦賀校5年）、高橋勇（神奈

川県浦賀校6年）、副島伸古（神奈川県浦賀校6年）、古川徳子（東京都神田区錦華校4年）、伊藤道彦（東京都神田区錦華校4年）、吉川亮佑（東京都神田区錦華校4年）、風間恭子（東京都神田区錦華校4年）、武田文男（東京都神田区錦華校4年）、浦野照一（東京都神田区錦華校4年）、安永のぶ子（東京都神田区錦華校4年）である。山本武利監修・永井良和編『占領期生活世相誌資料Ⅰ──敗戦と暮らし』（新曜社、2014年）193-200頁。

29 山本監修、永井編『占領期生活世相誌資料Ⅰ──敗戦と暮らし』200-201頁。

30 日本のアメリカ研究と漫画ブロンディとの関係については、吉見俊哉「『アメリカ』を語ること」『アメリカ研究』第39号（2005年）85-103頁が詳しい。なお以下の文献も参照。安田常雄「大衆文化のなかのアメリカ像──『ブロンディ』から TV 映画への覚書」『アメリカ研究』第37号（2003年）1-21頁、岩本茂樹「ブロンディ（1）──戦後日本におけるアメリカニゼーション」『関西学院大学社会学部紀要』第78巻（1997年）155-167頁、岩本茂樹「ブロンディ（2）──戦後日本におけるアメリカニゼーション」『関西学院大学社会学部紀要』第79巻（1998年）147-160頁、黒田勇「『ブロンディ』第28期第19回研究会（メディア史研究部会企画）戦後日本のアメリカニゼーション」『マス・コミュニケーション研究』第64巻（2004年）214頁、木下栄造「連載75年を閲した『ブロンディ』［含 座長コメント］（日本マンガ学会 第6回大会 特集号）」『マンガ研究』第10巻（2007年）6-20頁、木下栄造「家庭マンガ『ブロンディ』 長寿連載の秘密（日本マンガ学会 第2回大会 特集号）」『マンガ研究』第3巻（2003年）53-58頁。

31 岩本茂樹『戦後アメリカニゼーションの原風景──「ブロンディ」と投影されたアメリカ像』（ハーベスト社、2002年）、岩本茂樹「アメリカ漫画『ブロンディ』へのまなざし『夫の家事労働』をめぐって」『メディア・コミュニケーション』第58巻（2008年）52頁。

●第2章

1　占領軍調達史編さん委員会編『占領軍調達史──占領軍調達の基調』［第1］（調達庁総務部調査課、1956年）4-5頁。

2　随員は、外務省調査局長の岡崎勝男、外務省書記官の湯川盛夫、陸軍少尉の天野正一、陸軍大佐の山本新、陸軍中佐の松田正雄・高倉盛雄・南清志、海軍少将の横山一郎、海軍大佐の大前敏一・吉田英三、海軍中佐の寺井義守、海軍書記官の杉田主馬、海軍省嘱託の溝田主一らであった。占領軍調達史編さん委員会編『占領軍調達史──占領軍調達の基調』6頁。

3　先に述べた連合軍最高司令官による要求事項の中に、日本に進駐する連合国軍に対する情報提供、設営事務の執行要求、占領軍と日本政府との連絡にあたる中央機関、さらに主要占領地ごとに地方組織を、8月31日までに設置すべきことが明示されていた。そこで8月17日に発足した東久慈内閣は翌々日の閣議で「占領軍駐屯に伴い地方主要地点に連絡摂政機関設置の件」を定め、旧大日本帝国政府（9月13日に廃止される）と大本営は、厚木及び横浜地区の受け入れ機関として8月24日に設営委員会、ついで8月27日に鹿屋地区連合軍受入設営委員会、そして8月31日に館山地区連合軍受入設営委員会を設置した［各委員会についての詳細は、占領軍調達史編さん委員会編『占領軍調達の基調』7-12頁を参照］。さらに都道府県は、占領軍進駐当初から、受け入れ窓口として渉外部署を設けた。こうした窓口の設置に伴って知事を長とする終戦事務連絡委員会などが組織され、また官民をつなぐ機関として連絡委員会も整えられていく。また、占領軍施設の設営や要求物資の充足、警備や事故防止に協力するために都道府県内の各駐屯地には地方事務局が設置された。占領軍調達史編さん委員会編『占領軍調達史──占領軍調達の基調』91頁。

　　都道府県における受け入れ体制と並行して、終戦連絡中央事務局も8月26日に発足したが、当時の政府部内では二通りの考え方があったとされている。一つは、占領軍との連絡は内閣総理大臣を中心として、この機関を内閣直属とするという案。二つ目は、連絡役を外務大臣が担う、外務省の外局としての案。結果的には、後者の案が採用され、勅令第496号終戦連絡事務局官制を制定することで、重光外務大臣の下に、内務・大蔵・商工その他の各省から所要職員を配置した。こうしてできた終連地方事務局は、既述の通り各地に設置された地方組織を徐々に吸収し、10月1日に事務局本体の拡充強化が勅令第550号によって行われた。翌日、GHQは米国大使館から第一相互ビルへ移転するにあたり、このビルをはじめ、郵船ビル、海上ビル、三信ビルなどが接収され、これら建物の修理や整備に要する労働者の派遣、家具や什器の配備、家事使用人や通訳の雇用など連合国軍と日本政府との間には多くの折衝業務が発生した。占領軍調達史編さん委員会編『占領軍調達史──占領軍調達の基調』105頁。

　　1947（昭和22）年5月10日、特別調達法（昭和22年法律第78号）が施行され、占領軍が必要とする施設（土地・建物）・物資・役務の調達・管理を任務とする特別調達庁の設立準備が始まり、9月1日に発足する。以降、労働力や物資の占領軍への調達は特別調達庁を仲介して行われることになった。労働の形態としては、日本政府が雇用し給与を支払い、占領軍や占領軍の住居で働く間接雇用である。占領軍調達史編さん委員会編『占領軍調達史──占領軍調達の基調』114、296頁。

　1950（昭和25）年の朝鮮戦争勃発時には、占領軍が調達庁を仲介せずに、直接所有者から土地建物を強制接収するという混乱が、再び起こった。そして1952（昭和27）年のサンフランシスコ講和条約締結後、旧安保条約と日米行政協定に基づいて、不動産及び労務以外の工事、役務、需品などについては、アメリカ軍やイギリス軍が国内業者との直接契約により調達することになった。しかし、旧日米安保条約では占領期の法的状況が継続され、アメリカ軍は陸海空軍基地を日本国内どこにでも何ヵ所でも設定・維持し、必要な物資及び労働者を調達できることになった。1960（昭和35）年の新安保条約によって、この条件が改善されたが、今でも在日米軍基地問題、日米地位協定など、多くの論争を残していると占領軍調達史編さん委員会が編集した『占領軍調達の基調』は指摘している。占領軍調達史編さん委員会編『占領軍調達史——占領軍調達の基調』551、561頁。

4　占領軍調達史編さん委員会編『占領軍調達史——占領軍調達の基調』7頁、*Stars and Stripes*, 28 August, 1945.

5　*Stars and Stripes*, 29 August 1945.

6　*Stars and Stripes*, 30 August 1945.

7　*Stars and Stripes*, 31 August 1945.

8　*Stars and Stripes*, 4 September 1945.

9　*Stars and Stripes*, 5 September 1945.

10　USAFPAC は1947（昭和22）年1月1日に米極東軍と改称され、PACUSA も極東空軍となった。

11　占領軍調達史編さん委員会編『占領軍調達史——占領軍調達の基調』19-20頁。

12　占領軍調達史編さん委員会編『占領軍調達史——占領軍調達の基調』21頁。

13　占領軍調達史編さん委員会編『占領軍調達史——占領軍調達の基調』114頁。

14　占領軍調達史編さん委員会編『占領軍調達史——占領軍調達の基調』179頁。

15　住宅難についての同時代的記録は「住宅難の話」「家　家　家！住宅難の千二百万人」「都の住宅難深刻」「住宅難の一つの問題」山本武利監修、永井良和編『占領期生活世相誌資料 I ——敗戦と暮らし』（新曜社、2014年）281-287頁を参照。

16　戸山住宅については、柏木博「アメリカンライフスタイル」『近代日本の産業デザイン思想』（晶文社、1979年）22-27頁も参照。

17　金井静二「戸山住宅について」『工藝ニュース』第17巻 6号（1949年）2-3、7頁、秀島乾「エンコー家具創作へのメモ　戸山ハイツ」『工藝ニュース』第17巻 6号（1949年）4-7頁、松田一雄、豊口克平「戸山ハイツを訪ねて」『工藝ニュース』第17巻 6号（1949年）8-9頁。

18　1925（大正14）年に設立され、占領終了1952（昭和27）年通産省産業工藝試験所と改称した商工省工藝指導所は、戦前産業工芸の振興並びに工芸技術の科学化と輸出拡大を目指し、戦後外貨獲得を念頭に置いて、輸出向け工芸品の施策や意匠研究を行った。

本書との関連で言えば、1946年からGHQデザインブランチの指導下、占領軍住宅用の家具や什器の設計を行った。この経験をもとに国債市場に向けた製品の量産化を目指したのである。

19 金井「戸山住宅について」2頁、松田、豊口「戸山ハイツを訪ねて」8頁。

20 金井「戸山住宅について」3頁。この問題については、同時代的な記録である「理想的な和風洋風　15坪小住宅の設計」山本武利監修、永井良和編『占領期生活世相誌資料Ⅰ——敗戦と暮らし』（新曜社、2014年）290-291頁も参照。

21 松田、豊口「戸山ハイツを訪ねて」9頁。

22 金井「戸山住宅について」7頁。

23 秀島「エンコー家具創作へのメモ　戸山ハイツ」4-7頁。いわゆる新生活・生活改善に関する同時代的記録については「第5章　新生活／生活改善」山本武利監修、永井良和編『占領期生活世相誌資料Ⅰ——敗戦と暮らし』（新曜社、2014年）295-354頁を参照。

24 丸山悟「序」占領軍調達史編さん委員会編『占領軍調達史——部門編　工事』［第3］第3巻（調達庁総務部総務課、1959年）3-4頁。

25 真子傳次「刊行のことば」占領軍調達史編さん委員会編『占領軍調達史——部門編　工事』（1959年）5頁。

26 市浦健「進駐軍工事に関係して」占領軍調達史編さん委員会編『占領軍調達史——部門編　工事』（1959年）409頁。

27 桜井良雄「占領軍調達史『工事編』読後感」商工省工藝指導所編『デペンデントハウス——連合軍家族用住宅集區』410-411頁。

28 ヒーレン・エス・クルーゼ「序文」商工省工藝指導所編『デペンデントハウス——連合軍家族用住宅集區』227頁。

29 豊口克平「DEPENDENTS HOUSE の家具」商工省工藝指導所編『デペンデントハウス——連合軍家族用住宅集區』255頁。豊口克平「終戦直後のデザイン運動」工芸財団編『日本の近代デザイン運動史——1940年代～1980年代』（ぺりかん社、1990年）6-8頁も参照。

30 金子徳次郎「アメリカの家具を日本で作ること——クルーゼ少佐の話」『工藝ニュース』第14巻 第2号（1946年10月）18-23頁。

31 齋藤信治「進駐軍家族用家具生産の意義」『工藝ニュース』第14巻 第2号（1946年）2頁。

32 種村真吉『日本の室内——日本インテリアのデザイン体系』（槙書店、1976年）。

33 豊口克平「形而工房から」『豊口克平とデザインの半世紀』（美術出版社、1987年）162頁。

34 濤川馨一「DEPENDENT HOUSE の什器」商工省工藝指導所編『デペンデントハウス——連合軍家族用住宅集區』265頁。

●第 3 章

1 厳密に言うと「アメリカ」と表現できない場合もある。なぜなら占領は米国のみならず英連邦諸国によって行われたからである。砂本らが指摘する通り「BCOF の拠点があった江田島と広の DH は、統計記録からは GHQ/SCAP の司令下にて建設されたことになっているが、計画面では豪軍将校の関与が既往研究にて指摘」されている。砂本文彦ほか「英連邦軍キャンプ江田島に建設されたディペンデント・ハウジングについて」『日本建築学会技術報告集』第27巻 第65号（2021年）528頁。砂本文彦「第12章 岡山・日本側の期待通りに進まない占領軍の接収」砂本文彦「第13章 英連邦軍総司令部の住まい──キャンプ江田島のディペンデント・ハウジング」砂本文彦「第14章 宮島ホテルの接収──所有を巡る権利とその対価」大場修編著『占領下日本の地方都市──接収された住宅・建築と都市空間』（思文閣出版、2021年）も参照。

2 大場編著『占領下日本の地方都市』、小林宣之・玉田浩之編『占領期の都市空間を考える』（水声社、2020年）、関耕一、佐藤洋一、戸沼幸市「東京都内の米軍接収地に関する都市史的考察──その1 米軍接収地の変遷と施設用途からみた接収の様態」『学術講演梗概集 . F, 都市計画, 建築経済・住宅問題, 建築歴史・意匠』（1992年）689-690頁、佐藤洋一、関耕一、戸沼幸市「東京都内の米軍接収地に関する都市史的考察──その2 接収地の分布にみる接収の特徴」『学術講演梗概集 . F, 都市計画, 建築経済・住宅問題, 建築歴史・意匠』第1992巻（1992年）691-692頁、原戸喜代里、木口なつみ、大場修、玉田浩之「京都市の接収住宅の分布状況──占領期京都における接収住宅に関する研究 その2」『学術講演梗概集』第2013巻（2013年）835-836頁、羽田博昭「横浜都市爆撃と戦後の接収」『建築とまちづくり』第443号（2015年）16-20頁、前田昭彦「住宅営団の閉鎖と占領軍家族住宅計画の関連について」『学術講演梗概集』第2001巻（2001年）281-282頁、大本圭野「占領期の住宅政策（1）GHQ による住宅営団の閉鎖過程とその意味」『東京経済大学会誌 経済学』第247号（2005年）133-151頁。

3 「調達」の類義表現として使われる「徴発」と「略奪」との違いは重要である。どちらも、他人が所有する物を強制的に取り立てる行為のことではあるが、「徴発」は戦時国際法上、占領者が占領地の住民または公的機関から占領軍の軍事的必要のために物品を強制的に徴収することをいう。その手続は占領地の指揮官の許可によってなされ、できるかぎり即金で代金を支払うことを要し、さもなければ受領証書を交付して、できるかぎり速やかに代金を支払う事になる。したがって「略奪」とは根本的に異なる。

4 占領軍調達史編さん委員会編『占領軍調達史──占領軍調達の基調』39頁。

5 占領軍調達史編さん委員会編『占領軍調達史──占領軍調達の基調』40頁。

6 Cullinane Associates, *The Cost of Maintaining Historic Military Family Housing* (Prepared for the Office of the Deputy Under Secretary of Defense, Environmental Security 2001), 5.

7 Bethaie C. Grashof, *A Study of United States Army Family Housing Standardized Plans, 1866–1940* (Atlanta: Center for Architectural Conservation, Georgia Institute of Technology, 1986), 43.

8 Grashof, *A Study of United States Army Family Housing Standardized Plans*, 46.

9 Department of Defense, Legacy Resource Management Program, *Historic Context Study of Historic Military Family Housing in Hawaii*, Project No. 115, 2003, Chapter 2-Page8.

10 占領軍調達史編さん委員会編『占領軍調達史——占領軍調達の基調』98-99頁。

11 占領軍調達史編さん委員会編『占領軍調達史——占領軍調達の基調』165-173、199-203頁を参照。

12 占領軍調達史編さん委員会編『占領軍調達史——占領軍調達の基調』167-168頁を参照。

13 村上しほり、大場修、砂本文彦、玉田浩之、角哲、長田城治「占領下日本における部隊配備と占領軍家族住宅の様相」『日本建築学会計画系論文集』第82巻 第739号（2017年）2442頁。

14 商工省工藝指導所編『デペンデントハウス——連合軍家族用住宅集區』、小泉ほか『占領軍住宅の記録（下）デペンデントハウスが残した建築・家具・什器』、工芸財団編『日本の近代デザイン運動史』、柏木『近代日本の産業デザイン思想』、加藤直樹「天童木工の家具づくりのあゆみ」キハラ株式会社マーケティング部編『Lisn: Library & Information Science News』第183号（2020年）1-4頁、Yuko Kikuchi, *Japanese Modernisation and Mingei Theory: Cultural Nationalism and "Oriental Orientalism"* (London: Routledge Curzon, 2004).

15 SCAPIN-799 March 6 1946 米国国立公文書館（RG331）は他の SCAPIN 同様、国立国会図書館デジタルコレクションで読むことができる。https://dl.ndl.go.jp/pid/9885873/1/1.

16 伊藤潤「白物家電の誕生——20世紀の日本における主要工業製品色の変遷（1）」『芸術工学会誌』第74号（2017年）92-99頁、伊藤「戦前の日本における家庭用洗濯機とその製品色——20世紀の日本における主要工業製品色の変遷（2）」『芸術工学会誌』第75号（2017年）128-135頁、伊藤「日本の住宅内外の家電製品とその色の変遷」、伊藤「国産初の電気洗濯機製造者と推定される能川製作所——20世紀の日本における主要工業製品色の変遷（2.5）」『芸術工学会誌』第77号（2017年）22-23頁、伊藤「戦後10年間の日本における家庭用洗濯機とその製品色——20世紀の日本における主要工業製品色の変遷（3）」『芸術工学会誌』第82号（2021年）5-13頁。

17 風岡憲一郎「昭和十年のシバウラ」『芝浦レヴュー』第15巻 第1号（1936年）40頁。

18 伊藤「白物家電の誕生」92頁。

19 岩崎景春編『日本電機工業史・第2巻』（日本電機工業会、1970年）281、291、298頁。日本経営史研究所編『ダイキン工業90年史「拓く」』（ダイキン工業、2015年）681頁も参照。

20 岩崎編『日本電機工業史・第2巻』288頁。

21 「電氣厨房用竈」とも表記された。

22 「進駐軍家族用厨房用品」『工藝ニュース』第14巻 第3号（1946年）7頁。

23 伊藤「白物家電の誕生」98頁。

24 伊藤が指摘するように、接収住宅の内部を白色に塗った例を取り上げて、アメリカ人は白色が好きだと論ずる傾向があった（伊藤「白物家電の誕生」92頁）。しかし厳密に言うと、白色認識における文化差を測定することは容易ではない。異なる生活文化圏のヒトによる白さの見え方の違いについて研究した内田洋子は「白色度式が常に直面している難問は、感覚量を心理物理量として定量化するというところにある。しかも色好みという嗜好性まで追求することは迷路に入り込んだに等しく、白さの評価は永遠の課題なのかも知れない」と結論づけている。「白さの評価」『日本色彩学会誌』第23巻 第3号（1999年）181-182頁。

25 金子「アメリカの家具を日本で作ること」19頁。

26 占領軍調達史編さん委員会編『占領軍調達史——部門編 工事』33-34頁。

27 Yuko Kikuchi, "Russel Wright and Japan: Bridging Japonisme and Good Design through Craft," *The Journal of Modern Craft* 1, no.3 (2008): 358-359.

28 秋岡芳夫「進駐軍用 DH 家具の設計」工芸財団編『日本の近代デザイン運動史』9-12頁、豊口克平「進駐軍家族用住宅家具の設計に就て」『工藝ニュース』第14巻 第2号（1946年）8-15頁も参照。

29 山形県天童市の天童木工はその前身である「天童木工家具建具工業組合」が1940（昭和15）年6月12日に結成され、第二次世界大戦後の洋家具との出会いに影響を受けて反対の声が多い中、成形合板に着手、建築家やデザイナーと仕事を重ねることで、日本の居住空間の発展、なかでもデザイナー剣持勇氏を中心に発展した「ジャパニーズモダン」の思想に大きく寄与したとされている。https://www.tendo-mokko.co.jp/info/wp-content/uploads/2020/06/4a8a720c3b36b76ee42bf50ec5beef79.pdf. 加藤直樹「天童木工の家具づくりのあゆみ」1-4頁、新井竜治「戦後日本における主要木製家具メーカーの販売促進活動の概要と変遷——コスガと天童木工の家具販売促進活動の比較研究」『デザイン学研究』第59巻 第1号（2012年）73-82頁も参照。

30 柏木『近代日本の産業デザイン思想』31-34頁。

31 Kikuchi, "Russel Wright and Japan," 358-359.

●第4章

1 一般には「横田基地」だが、日米安全保障条約上の名称である。

2 通称は「立川基地」である。

3 小澤智子「東京都福生市・立川市周辺のアメリカ軍人の居住と『福生新聞』にみる地元の反応」人の移動とアメリカ研究プロジェクト編『エスニック・アメリカを問う「多からなる一つ」への多角的アプローチ』(彩流社、2015年)。

4 大場編著『占領下日本の地方都市』。

5 第1章　占領下日本におけるGHQの空間配置(村上しほり)第2章　占領下日本における占領軍家族住宅の様相(村上しほり)第3章　ホテルの接収形態とその動向(長田城治)第4章　札幌・「贅沢すぎる」キャンプ・クロフォード(角哲)第5章　山形・地方の小都市にみる接収(長田城治)第6章　日光・観光都市の接収(長田城治)第7章　名古屋・占領にみるもうひとつの戦災復興(角哲)第8章　琵琶湖畔の接収と「国際文化観光都市」の計画(玉田浩之)第9章　京都の占領と接収(大場修)第10章　想定外の占領拠点・大阪の接収事情(村上しほり)第11章　神戸・阪神間の接収と土地・建物の奪いあい(村上しほり)第12章　岡山・日本側の期待通りに進まない占領軍の接収(砂本文彦)第13章　英連邦軍総司令部の住まい――キャンプ江田島のディペンデント・ハウジング(砂本文彦)第14章　宮島ホテルの接収――所有を巡る権利とその対価(砂本文彦)。

6 佐藤竜馬、松田裕多「福生の米軍ハウス――その歴史と影響、そして現在」『建築ジャーナル』第1274号(2018年)32-35頁。

7 https://www.facebook.com/DependentsHousingEngineerSection.

8 『散歩の達人』第251号(2017年2月)47頁。

9 戦前の入間市では、狭山茶で有名な製茶業、所沢飛白の織物業・製糸業が盛んだった。そして、製糸工場に勤める女工のための食料を作る農園があった。この農園を製糸工場が昭和恐慌によって手放すと、磯野商会がこれを買い取った。そこに隣接する場所に、旧日本陸軍士官学校が移転し、将校用の日本家屋が建てられ、磯野住宅と呼ばれて、高級住宅地を形成した。矢部直人「米軍基地のイメージを活かした住宅地　米軍ハウスが残る埼玉県入間市のジョンソンタウン」『地理』第60巻　第5号(2015年)76-81頁、特に77-78頁を参照。

10 渡辺治「米軍ハウスと創造的なコミュニティが織りなす景観」『建築ジャーナル』1250号(2016年)28-29頁。ジョンソン(現入間)基地内のハイドパーク・ハウジングエリア(Hyde Park Housing Area)とユカイヴィレッジ・ハウジングエリア(Yukai Village Housing Area)の2カ所、さらに民間人によって基地周辺にオフベース・ハウジング(Off Base Housing)が建設された。1950(昭和25)年に特別調達庁技術監督部が行った調査によると、入間川地区の米軍ハウスの新築戸数は、339戸であった。

11 渡辺「米軍ハウスと創造的なコミュニティが織りなす景観」29-31頁。

12 篠原武史ほか「増築部位と改変内容の現況――入間川地区に現存する米軍ハウスの現

況に関する研究　その1」『学術講演梗概集（北陸）』第2010巻（2010年）197-198頁。

13　篠原ほか「増築部位と改変内容の現況——入間川地区に現存する米軍ハウスの現況に関する研究　その1」199-200頁。

14　塚田の考察は、先行研究が扱い損ねてきた、1970年代の狭山における米軍基地文化の様相を明らかにするものであった。また、アメリカ文化への憧憬と、基地の縮小と在日米軍の撤退との逆説的な結びつきこそが、「狭山アメリカ村」という文化集団の形成を可能にした、という塚田の知見は、占領下における米軍基地文化と人々の直接的な接触と「一方的な影響関係」や、1980年代末以降の地域社会による米軍基地文化の「逆用」を扱ってきた先行する米軍基地文化研究に対し、その欠を補うとともに、新たな視角をもたらすものであったと言えよう。塚田修一「1970年代の米軍基地文化に関する一考察——『狭山アメリカ村』を中心に」『三田社会学』第22号（2017年）108-109頁。

15　塚田「1970年代の米軍基地文化に関する一考察『狭山アメリカ村』を中心に」以外に重要な文献としては、以下が挙げられよう。青木深『めぐりあうものたちの群像——戦後日本の米軍基地と音楽1945-1958』（大月書店、2013年）、新井智一「東京都福生市における在日米軍横田基地をめぐる『場所の政治』」『地学雑誌』第114巻 第5号（2005年）767-790頁、木本玲一「地域社会における米軍基地の文化的な意味——『基地の街』福生・横須賀の変遷」難波功士編『戦争が生み出す社会Ⅲ 米軍基地文化』（新曜社、2014年）、埼玉県企画財政部『埼玉県の基地——県内米軍基地、基地跡地、自衛隊基地の概要』（1982年）、狭山市『狭山市史 現代資料編』（ぎょうせい、1984年）、狭山市『狭山市史 通史編Ⅱ』（ぎょうせい、1995年）、東谷護『進駐軍クラブから歌謡曲へ——戦後日本ポピュラー音楽の黎明期』（みすず書房、2005年）、塚田修一「〈基地文化〉とポピュラー音楽——横浜・横須賀をフィールドとして」『三田社会学』第19号（2014年）80-93頁、矢部「米軍基地のイメージを活かした住宅地——米軍ハウスが残る埼玉県入間市のジョンソンタウン」76-81頁。

16　塚田「1970年代の米軍基地文化に関する一考察——『狭山アメリカ村』を中心に」102頁。

17　細野晴臣著、北中正和編『細野晴臣インタビュー』（平凡社、2005年）78、83、87頁。

18　村上龍「夢のアメリカ・アメリカの夢」『アメリカン★ドリーム』（講談社文庫、1985年）231頁。

19　吉見俊哉「アメリカナイゼーションと文化の政治学」岩波講座現代社会学1『現代社会の社会学』（岩波書店、1997年）160-161頁。

20　角哲ほか「占領期札幌におけるキャンプ・クロフォードの建設経緯とその特徴について」『日本建築学会計画系論文集』第86巻 第780号（2021年）。

21　西川祐子「古都の占領——占領期研究序説」中部大学国際人間学研究所『アリーナ』創刊号（2004年）。

22　原戸喜代里ほか「占領期京都における接収住宅に関する研究」『住総研研究論文集』

第41巻（2015年）121-132頁、原戸ほか「京都市の接収住宅の分布状況——占領期京都における接収住宅に関する研究 その2」835-836頁。

23 大場修「占領期京都における接収住宅に関する研究（課題番号：25630259）」科学研究費助成事業研究成果報告書（2015年）。

24 片野博「連合軍家族向住宅建設に関する調査報告——福岡県春日原ベースの場合（建築計画）」『日本建築学会研究報告　九州支部　2.計画系』第27号（1983年）289-292頁。

25 藤田悠、田上健一「芦屋町における米式住宅の地域化に関する研究（建築計画）」日本建築学会九州支部『研究報告』第46号（2007年）96頁。

26 田上健一「米式住宅の再生に関する研究」日本建築学会九州支部『研究報告』第39号（2000年）8頁、田上健一ほか「米式住宅の転用に関する研究」日本建築学会九州支部『研究報告』第40号（2001年）85-88頁、田上健一ほか「転用米式住宅の空間特性」日本建築学会九州支部『研究報告』第41号（2002年）133-136頁、田上健一ほか「米式住宅の住みこなしにみる適応と不適応」日本建築学会九州支部『研究報告』第42号（2003年）101-104頁も参照。

27 田上「米式住宅の再生に関する研究」5頁。

28 田上「米式住宅の再生に関する研究」5頁。

29 田上「米式住宅の再生に関する研究」6-7頁。

30 増改築の具体例として、グランドレベルとフロアラインとの差がほとんどなかったため、スラブ上に直接タイルを貼り付け、床下を設け、さらにフローリングや畳に替えていた。屋根スラブのみで天井や断熱が一切なかったために、まず天井を設置し、断熱材を張ったが、その結果として室内有効高が低くなり、居住者には不評であった。そして、米国人は履き替えの習慣がないために、玄関がなく、日本人居住者は「たたき」をつくり、玄関を設置した。田上健一「米式住宅の再生に関する研究」6-8頁。

31 小泉らの研究によると、標準の根幹となる設計方針は、大きく分けて5点に集約できるという。(1) 日本の資材と米国における設計及び施工技術を以て米国人の生活様式を満たすような建築たること、(2) 最小限度の資材と経費を以て最短時間に建築し得ること、(3) 日本及び朝鮮のいかなる地方にも建築可能なこと、(4) 多量生産可能でありしかも各単位の住宅が連続して建設するも設計の長所を失わぬような設計たること、(5) 集団建築として建設された場合において、単調にならぬよう適当の変化を与えるよう設計すること、であった。小泉ほか『占領軍住宅の記録（上）——日本の生活スタイルの原点となったデペンデントハウス』、小泉ほか『占領軍住宅の記録（下）——デペンデントハウスがのこした建築・家具・什器』。

32 Taejin W. Hwang, "Militarized Landscapes of Yongsan: From Japanese Imperial to Little Americas in Early Cold War Korea," *Korea Journal* 58, no.1 (2018): 121-149; James E. Hodges, "Military Journal of T/Sgt James E. Hodges, US Army Corps of Engineers, 25 November 1946 - 6 December 1948," (Carlisle, PA: United States Army Military History Institute); Irma Tennani Materi, *Irma and the Hermit: My Life*

in Korea (New York: W. W. Norton, 1949); Dorothy House Vieman, *Korean Adventure: Inside Story of an Army Wife* (San Antonio, TX: Naylor Company); Taejin W. Hwang, "An Indispensable Edge: American Military Camptowns in Postwar Korea, 1954-1971," in *Mobile Subjects: Boundaries and Identities in Modern Korean Diaspora*, ed. Wen-hsin Yeh (Berkeley: Institute of East Asian Studies, 2013), 88-212も参照。

33 Hwang, "Militarized Landscapes of Yongsan," 138.

34 Hwang, "Militarized Landscapes of Yongsan," 139.

35 Chang, Kuo-Liang, Shang-Chia Chiou and Jih-Lian HA, "Performance Evaluation of the Construction of American Military Housing after the War towards Local Government," *Acta Oeconomica* 64, no.2 (2014): 317.

36 Chiou and HA, "Performance Evaluation of the Construction of American Military Housing," 318.

37 Chiou and HA, "Performance Evaluation of the Construction of American Military Housing," 325.

38 青木正夫ほか「台湾における米軍向け戸建て住宅の平面構成と住い方——第1報　序論及び建設の概要」『学術講演梗概集（関東）』第1988巻（1988年）25-26頁。

39 青木正夫ほか「台湾における米軍向け戸建て住宅の平面構成と住い方——第2報　現在の住まい方について」『学術講演梗概集（関東）』第1988巻（1988年）27-28頁。

40 上田次郎『進駐軍家族住宅図譜』（技報堂、1950年）16頁。

●第5章

1　こうした分析の枠組みは、例えば以下の論考を参照。藤木忠善ほか「戦後日本の住宅形式形成過程におけるアメリカ近代住宅の影響」『住宅総合研究財団研究年報』第21巻（1995年）253-264頁。

2　藤木ほか「戦後日本の住宅形式形成過程におけるアメリカ近代住宅の影響」253頁。

3　全国家具連盟出版部『フアニチヤ』第7号（1948年）34頁。

4　坂井博美、玉城愛「占領軍家庭のメイド」小泉編『女中がいた昭和』126-147頁、坂井博美「労働基準法制定過程にみる戦後初期の『家事使用人』観──労働・家庭・ジェンダー」『ジェンダー研究』第16号（2014年）21頁。

5　佐草智久「米軍統治下沖縄メイド研究──職業の実態と社会的役割を中心に」『日本オーラル・ヒストリー研究』第16号（2020年）127頁。

6　廣山實「戦後の花形職業としての『メイド』について」『あやみや　沖縄市立郷土博物館紀要』第4巻（1996年）1-12頁。

7　普久原朝健「メイド聞き取り調査のまとめ」『あやみや　沖縄市立郷土博物館紀要』第4巻（1996年）20-32頁。

8　宮城昭美「カーテンにゆれる娘心」『あやみや　沖縄市立郷土博物館紀要』第4巻（1996年）17-19頁。

9　「女の職業学校訪問」『女性ライフ』第2巻 第11号（1947年）1-3頁。

10　「学ぶところの多い米人家族の生活──進駐軍のメイドさん　座談会」『主婦と生活』第3巻 第11号（1948年）16-19頁。

11　「特集　人気職業入門案内──ここに貴女の生きる道がある」『女性の友』第2巻 第3号（1949年）37-44頁。

12　川名完次「新しい女中さん學」『婦人画報』第535号（1949年）48-49頁。

13　松本恵子『アメリカ料理──米人家庭の調理室から』（旺文社、1948年）、「家政学」については村上志久子「アメリカの家政と日本の家政」『家庭科学 = Journal of Japan Research Institute for Families and Households』第130号（1949年）29-31頁、村上志久子「アメリカハウスの大掃除」『家庭科学 = Journal of Japan Research Institute for Families and Households』第130号（1949年）36-37頁。

14　新井太郎編『ヂープのある家──ハウス・メイドの手記』（第一月刊社、1947年）2頁。

15　「世論を呼ぶ強制？検診」『週刊サンケイ』第2巻 第13号（1953年）3-8頁。

16　「現代風俗解剖（3）悲劇のメイドインジャパン」『週刊読売』第11巻 第71号（1953年6月28日）43-47頁。

17　神崎清「悲しきシンデレラ」『週刊読売』第11巻 第71号（1953年6月28日）47-48頁。「第五空軍司令部女子寮──『中間的自由恋愛』の基地」『週刊新潮』第3巻 第43号（1958年）26-32頁も参照。

18 清水『＜女中＞イメージの家庭文化史』147-170頁、小泉編『女中がいた昭和』126-147頁。

19 豊田真穂『占領下の女性労働改革──保護と平等をめぐって』（勁草書房、2017年）、姫岡とし子『ジェンダー化する社会──労働とアイデンティティの日独比較史』（岩波書店、2004年）、坂井「労働基準法制定過程にみる戦後初期の『家事使用人』観」22頁。

20 坂井「労働基準法制定過程にみる戦後初期の『家事使用人』観」23頁。

21 坂井、玉城「占領軍家庭のメイド」126-147頁。

22 「第十九回国会衆議院労働委員会議録」第9号（1954年3月3日）3頁。

23 「第十九回国会衆議院労働委員会議録」第9号13頁。

24 坂井「労働基準法制定過程にみる戦後初期の『家事使用人』観」42頁。

25 「第十九回国会衆議院労働委員会議録」第9号3頁。

26 「第十九回国会衆議院労働委員会議録」第9号5頁。

27 「第十九回国会衆議院労働委員会議録」第9号14頁。

28 "San Shashin Shimbun [The Sun Pictorial Daily], December 11, 1947" メリーランド大学図書館ゴードン W. プランゲ文庫、企画展示「Crossing the Divide: An American Dream Made in Occupied Japan, 1945-1952」（2019年）https://exhibitions.lib.umd.edu/crossing-the-divide/housing/construction-of-little-america-folder/san-shashin-shimbun.

29 "San Shashin Shimbun [The Sun Pictorial Daily], December 2, 1947" メリーランド大学図書館ゴードン W. プランゲ文庫、企画展示「Crossing the Divide: An American Dream Made in Occupied Japan, 1945-1952」（2019年）https://exhibitions.lib.umd.edu/crossing-the-divide/housing/construction-of-little-america-folder/san-shashin-shimbun-2.

30 山崎加譽「ワシントンハイツ幼稚園見學記」『家庭科学 = Journal of Japan Research Institute for Families and Households』第130号（1949年）32-35頁。

31 "Jiyū Fujin [Freedom Women] 3, no. 2, February 1948" メリーランド大学図書館ゴードン W. プランゲ文庫、企画展示「Crossing the Divide: An American Dream Made in Occupied Japan, 1945-1952」（2019年）https://exhibitions.lib.umd.edu/crossing-the-divide/housing/construction-of-little-america-folder/jiy%C5%AB-fujin.

32 勅使河原蒼風「いけばなの國日本」『草月人』創刊号（1949年）6頁。なお、『草月人』創刊号（昭和24年5月1日発行）の「編集便り」（64頁）には、ダグラス・マッカーサー夫人へ勅使河原草風が直接寄稿依頼をしたものの、市販の雑誌や新聞に執筆しない方針であったため固辞したとある。

33 勅使河原「いけばなの國日本」7頁。

34 勅使河原「いけばなの國日本」8頁。

35　バージニア・エヤー「日本のいけばなとアメリカの挿花」『草月人』創刊号（1949年）27頁。

36　リリアン・テーリー「西洋流のいけばな」『草月人』創刊号（1949）21頁。

37　エヤー「日本のいけばなとアメリカの挿花」26頁。

38　エヤー「日本のいけばなとアメリカの挿花」28頁。

39　小野草水「グラント・ハイツの二年」『草月人』第2巻 第3号（1950年）48-50頁。

●第6章

1 Palace Heights, Binder No. 1, 1 January 1949 – 31 December 1950 米国国立公文書館（RG554）国立国会図書館デジタルコレクション；Jefferson Heights, Binder No. 1, 1 January 1949 thru 31 December 1949, GHQ/SCAP Assistant Chief of Staff, G-IV（ボックス番号 406 フォルダ番号50）国立国会図書館デジタルコレクション。

2 Washington Heights, Binder No. 1, 1 January 1949 – 31 December 1950 米国国立公文書館（RG554）国立国会図書館デジタルコレクション。

3 武蔵野市「武蔵野ヒストリー　グリーンパーク米軍施設」『季刊むさしの』（2018年）12-13頁。「日米合同委で全面返還決まる——グラントハイツとグリーンパーク」『毎日新聞』1971年8月19日並びに「住宅か公園か——グラントハイツ　グリーンパーク返還」『朝日新聞』1971年8月19日も参照。

4 Grant Heights, Binder No. 1, 1 January 1949 – 31 December 1950 米国国立公文書館（RG554）国立国会図書館デジタルコレクション。

5 練馬区光が丘をフィールドとしてポスト高度経済成長期の首都圏団地における社会形成について考察した塚田修一は、2016（平成28）年の研究成果で以下のように述べている。現在の光が丘の地域には、戦中は成増飛行場が存在したが、敗戦後に連合国軍に接収され、米軍の家族宿舎「グラントハイツ」が建造され、機能してきた。そして返還運動を経て1973（昭和48）年に全面返還され、「光が丘」と命名されたこの地には、都内有数の大規模緑地公園・団地群「光が丘パークタウン」が建造され、1983（昭和58）年より入居が開始、1987（昭和62）年の光が丘団地分譲において最高は1,595倍の申し込みがある程の人気を誇った。そして1991（平成3）年には全戸の入居が完了し、現在は2万8,000人余りが生活している。「東京・光が丘団地分譲、最高は1595倍の申し込み」『毎日新聞』1987年9月21日朝刊、23頁、「パークサイド光が丘最高1500倍、都内在住の夢に2万4000人」『日本経済新聞』1987年9月21日、31頁、「完成控え緊張気味住宅整備公団光が丘特別開発事務所長の仙波清さん」『毎日新聞』1992年1月30日夕刊、1頁。能登方恵『グラントハイツ物語』（光が丘新聞社 1991年）、山下博史『光が丘公園（東京都建設局公園緑地部監修・東京公園文庫 52）』（東京都公園協会、2014年）も参照。

6 最も代表的な作品は、村上龍『限りなく透明に近いブルー』（講談社、1976年）だろう。

7 片野博「連合軍家族向宿舎に関する調査報告——福岡県春日原ベースの場合」『建築学会九州支部研究報告書』（1983年）、吉岡吉雄「進駐軍家族住宅を見る」『新住宅』（1948年3月号）65-67頁、西山夘三『日本の住まいⅡ』（勁草書房、1976年）206-212頁、田村明（『江戸東京まちづくり物語　生成・変動・歪み・展望』（時事通信社、1992年）309-311頁。

8 光が丘公園の計画・用地取得・整備・管理や運営については、山下『光が丘公園』が詳しい。

9 東京都練馬区編『練馬区史』（東京都練馬区、1957年）39頁、練馬区史編さん協議会編『練馬区独立30周年記念　練馬区史（現勢編）』123頁。

10 練馬区史編さん協議会編『練馬区独立30周年記念　練馬区史(現勢編)』123頁。山下『光が丘公園』2-9頁。

11 『光が丘新聞』第755号、2016年9月5日、1頁。

12 『練馬区史(現勢編)』によると、成増飛行場は、北は川越街道、南は富士街道にはさまれた、1.5平方キロメートルに及ぶ面積を有していた。東武東上線成増駅に近いため、一般には「成増飛行場」と呼ばれていたが、地元では、正門が高松にあったために「高松飛行場」と呼んでいた。戦後わかったことであるが、米軍の航空写真にも"TAKAMATSUCHO A/F"と記載されている。爆撃を受けた際には隣接する民家数戸も被爆、炎焼した。1945(昭和20)年4月8日大本営陸軍部は「大本営に於ける本土作戦準備計画」なるものを策定し、「航空関係兵站準備の重点は、飛行機保全施設の強化、特攻機用爆弾の整備、指揮情報通信網の整備、並に航空燃料の地域別分散確保とし、之が実施は六月末完成を目途とす」と、命令した。飛行第47戦隊も、その頃までには、「鐘馗」から四式戦「疾風」に機種が改変され、その主力は沖縄作戦参加のため、山口県小月飛行場に移動していった。

13 練馬区史編さん協議会編『練馬区独立30周年記念　練馬区史(現勢編)』124頁。

14 練馬区史編さん協議会編『練馬区独立30周年記念　練馬区史(現勢編)』125頁。山下『光が丘公園』16頁。終戦直後から占領軍が使用していない旧軍用地は、食糧難の時代にあって、農地として日本人が使用する事例があった。全面的に農地として使用されている東京都内の旧軍用地が3件、ほとんどが農地として使用されている場合が2件あった。さらに、農地以外にも、学校、住宅、研究所、産業用地としても用いられることもあったが、農地のように旧軍用地のすべてあるいは一部を使うことはなかった。むしろ占領軍が使用していない箇所を日本側が使っていたという。「東京都内の大規模な旧軍用地及び旧軍建物の1948年の使用状況」306頁。

15 東京都練馬区編『練馬区史』735頁。

16 練馬区史編さん協議会編『練馬区独立30周年記念　練馬区史(現勢編)』126頁。

17 東京都練馬区編『練馬区史』735頁。

18 練馬区史編さん協議会編『練馬区史』(1957年)736頁、868頁。

19 大島久次「成増進駐軍住宅工事の労務解析について」『日本建設学会論集』第40巻(1950年)70-76頁。

20 山下『光が丘公園』19頁、佐藤、戸沼「占領軍家族向住宅に関する研究——その1　研究の概要及びグラントハイツ住宅地区の空間構成」422頁。

21 佐藤、戸沼「占領軍家族向住宅に関する研究——その1　研究の概要及びグラントハイツ住宅地区の空間構成」229、422頁。

22 佐藤、戸沼「占領軍家族向住宅に関する研究——その1　研究の概要及びグラントハイツ住宅地区の空間構成」422頁。

23 佐藤、戸沼「占領軍家族向住宅に関する研究——その1　研究の概要及びグラントハイツ住宅地区の空間構成」422頁。

24 佐藤、戸沼「占領軍家族向住宅に関する研究— その1 研究の概要及びグラントハイツ住宅地区の空間構成」422頁。

25 佐藤、戸沼「占領軍家族向住宅に関する研究――その1 研究の概要及びグラントハイツ住宅地区の空間構成」422頁。

26 練馬区史編さん協議会編『練馬区独立30周年記念 練馬区史（現勢編）』128頁。本項目は主として1979（昭和54）年9月27日に行った座談会の発言を参考にした。

27 山下『光が丘公園』20-22頁。

28 大島英夫「連合軍宿舎ハウスメイド養成所」『相模原市史ノート』第3号（2006年）29-47頁参照。

29 練馬区史編さん協議会編『練馬区独立30周年記念 練馬区史（現勢編）』129-130頁。

30 「練馬にあった憧れのアメリカ――グラントハイツに由来する芸名を持つラジオDJ」『ねりま区報』創刊60周年記念特集号、2013年6月1日、3頁。

31 藤亮平「グラントハイツ あこがれのアメリカ――『緑と太陽』跡地に光が丘」『読売新聞』2015年3月16日、33頁。

32 「記憶と忘却」についてはケネス・E・フット『記念碑の語るアメリカ 暴力と追悼の風景』（名古屋大学出版会、2002年）を、「創造的破壊」については以下の論文を参照。Tou Chuang Chang and Shirlena Huang, "Recreating Place, Replacing Memory: Creative Destruction at the Singapore River," *Asia Pacific Viewpoint* 46, no.3 (2005): 267-280.

●第7章

1 ジョン・ダワー『人種偏見——太平洋戦争に見る日米摩擦の底流』（斎藤元一訳、TBS ブリタニカ、1987年）、『敗北を抱きしめて——第二次大戦後の日本人（上・下）』（三浦陽一・高杉忠明・田代泰子訳、岩波書店、2001年）、John Curtis Perry "Opinion: Please, Japan, Return the Favor: Occupy Us," *New York Times*, March 4, 1981, Section A-27.

2 改めて振り返るまでもなく、第2、3章で触れたように占領期は日米のデザイン思想が出会う好機であった。ある意味では、すでに占領が始まる前から、お互いのモダニズムがお互いの価値観を形成していた。例えば、ジャポニズムはどうだろう。また、ミッドセンチュリーモダンと呼ばれる、飾り気のないアメリカの牧場住宅のインテリアは、フランク・ロイド・ライト以前から、日本人がアメリカのデザインに影響を及ぼしてきた歴史から生み出されたものだった。近代インテリア博覧会の発起人が「シンプルで美しいアメリカの生活様式に学ぶ」と書いたのは、それ以前にアメリカ人が日本家屋について書いた言葉と同じものであったことを想起できよう。

3 豊口「進駐軍家族用住宅家具の設計に就て」8-15頁。

4 「アメリカに学ぶもの」『フアニチヤ』第7号（1948年）34頁。なお1948年11月に『フアニチヤ』第9号が「アメリカに学ぶ生活造形展」特集号を組んで、家具と布地の構成に始まり、居間の家具、寝室の家具、食堂の家具、その他の家具といった種類の写真とともに、鈴木道次「展覧会について」中井太一郎「居間の家具」松本精二郎「寝室・子共室の家具」江口信男「食堂・アパートの家具」の記事も掲載されている。

5 坂西志保「アメリカの暮しと日本の暮し」『美しい暮しの手帖』第1号（1948）47-49頁。補助的史料として、日本占領下の東京での米軍関係者の生活については、メリーランド大学図書館プランゲコレクションによる展示で使われたストーリーマップ「Life of U.S. Military Families in Tokyo」(https://arcg.is/rrD0u) がある。また同図書館が公開している Julius Bassin Family Photo Album (https://digital.lib.umd.edu/image?pid=umd:710770) は、1948（昭和23）年から1951（昭和26）年にかけてのワシントンハイツでのバシン一家の生活と、1952（昭和27）年に移転した東京のアメリカ大使館敷地内の住宅での生活を記録している。ジュリアス（ジュールズ）・バシン（1914-2009）は、アメリカの弁護士、外交官、国務省代表であり、日本占領期とその直後は、さまざまな公職に就いている。

　英連邦軍家族に関する日独比較は、貴重な一次史料である British Army of the Rhine (BAOR) "Pamphlet for the Guidance of B.A.O.R. Families" 25 February 1947 のほか、三輪宗弘「オーストラリア国立公文書館，オーストラリア国立図書館，オーストラリア戦争記念館リサーチセンターの利用ガイド——首都キャンベラでの資料探索」『九州大学附属図書館研究開発室年報』（2014年）25-31頁、大坪晶「GHQ, BCOF アーカイブ写真調査　『Shadow in the House』プロジェクトより」『和光大学表現学部紀要 = The Bulletin of the Faculty of Representational Studies』第21巻（2020年）15-34頁、砂本文彦ほか「英連邦軍キャンプ江田島に建設されたディペンデント・ハウジングについて」527-532頁を参照。

6　Christopher Knowles, "Military Occupation as a System of Rule," *In the Long Run*, University of Cambridge, 18 September 2018. http://www.inthelongrun.org/articles/article/military-occupation-as-a-system-of-rule/.

7　Roy Bainton, *The Long Patrol: The British in Germany Since 1945* (Edinburgh: Mainstream Publishing, 2003); Christine De Matos, "A Very Gendered Occupation: Australian Women as 'Conquerors' and 'Liberators,'" *US-Japan Women's Journal* 33 (2008): 87-107.

8　日本についての研究は以下を参照。T. A. G. Hungerford, *Sowers of the Wind: A Novel of the Occupation of Japan* (Sydney: Angus and Robertson, 1954). ドイツについては以下を参照。Victor Gollancz, *In Darkest Germany* (London: Victor Gollancz, 1947)；Stephen Spender, *European Witness* (London: Right Book Club, 1946)；Hans Habe, *Off Limits* (München/Wien/Basel: Roman der Besatzung Deutschlands, 1955).

9　日本についての研究は以下を参照。Christine De Matos, *Imposing Peace and Prosperity: Australia, Social Justice and Labour Reform in Occupied Japan* (Melbourne: Australian Scholarly Publishing, 2008); Takemae Eiji, *The Allied Occupation of Japan* (New York: Continuum, 2003); Howard B. Schonberger, *Aftermath of War: Americans and the Remaking of Japan, 1945-1952* (Kent: Kent State University Press, 1989); Peter Bates, *Japan and the British Commonwealth Occupation Force 1946–52* (New York: Brassey's, 1993); Sugita Yoneyuki, *Pitfall or Panacea: The Irony of U.S. Power in Occupied Japan, 1945–1952* (New York: Routledge, 2003). ドイツについては以下を参照。Rebecca L. Boehling, *A Question of Priorities: Democratic Reforms and Recovery in Postwar Germany* (New York: Berghahn Books, 1996); Ian D. Turner, ed., *Reconstruction in Post-War Germany: British Occupation Policy and the Western Zones 1945–55* (Oxford/New York/München: Berg Publishers, 1989); Adolf Birke and Eva Mayring, eds., *Britische Besatzung in Deutschland: Aktenerschliessung und Forschungsfelder* (London: DHI London, 1992); Josef Foschepoth and Rolf Steininger, eds., *Britische Deutschland- und Besatzungspolitik* (Paderborn: Schöningh, 1985).

10　Tatjana Tönsmeyer, Besatzungsgesellschaften, "Begriffliche und konzeptionelle Überlegungen zur Erfahrungsgeschichte des Alltags unter deutscher Besatzung im Zweiten Weltkrieg, Version: 1.0," *Docupedia-Zeitgeschichte* 18 (December 2015). http://docupedia.de/zg/toensmeyer_besatzungsgesellschaften_v1_de_2015, DOI: http://dx.doi.org/10.14765/zzf.dok.2.663.v1.

11　Camilo Erlichman and Christopher Knowles, "Introduction: Reframing Occupation as a System of Rule," in *Transforming Occupation in the Western Zones of Germany: Politics, Everyday Life and Social Interactions, 1945-55*, ed. C. Erlichman and C. Knowles (London: Bloomsbury, 2018), 3-24.

12　日本についての研究は以下を参照。Sarah Kovner, *Occupying Power: Sex Workers and Servicemen in Postwar Japan* (Stanford: Stanford University Press, 2012); Mire Koikari, *Pedagogy of Democracy: Feminism and the Cold War in the U.S. Occupation of Japan* (Philadelphia: Temple University Press, 2009); Mark J. McLelland, *Love, Sex, and*

Democracy in Japan During the American Occupation (New York: Palgrave Macmillan, 2012); Robin Gerster, *Travels in Atomic Sunshine: Australia and the Occupation of Japan* (Melbourne: Scribe, 2008); Walter Hamilton, *Children of the Occupation: Japan's Untold Story* (Sydney: NewSouth, 2012); Shibusawa Naoko, *America's Geisha Ally: Reimagining the Japanese Enemy* (Cambridge: Harvard University Press, 2006). ドイツについては以下を参照。Maria Höhn, *GIs and Fräuleins: The German-American Encounter in 1950s West Germany* (Chapel Hill: University of North Carolina Press, 2002); Silke Satjukow and Barbara Stelzl-Marx, eds., *Besatzungskinder: Die Nachkommen alliierter Soldaten in Österreich und Deutschland* (Köln: Böhlau, 2016); Petra Goedde, *GIs and Germans: Culture, Gender, and Foreign Relations, 1945–1949* (New Haven: Yale University Press, 2003); Timothy L. Schroer, *Recasting Race after World War II: Germans and African Americans in American- Occupied Germany* (Boulder: University of Colorado Press, 2007).

13 Höhn and Moon, eds., *Over There*.

14 Höhn and Moon, eds., *Over There*, 17–20.

●終章

1 「進駐する米軍に何をされるか分からぬ恐怖、『パンパンガール』があたりまえとなる日々、人々の日常はそれでもたくましく過ぎていく」とは、エドガー・A・ポーター、ランイン・ポーター『戦時下、占領下の日常——大分オーラルヒストリー』（菅田絢子訳、みすず書房、2022年）を「読後感は重い」と『東京新聞』（2022年11月20日）で評した御厨氏の言である。

2 第二次大戦後の日独占領を経て、家庭・女性・こどもなど「私的領域」がどのように変容していったのか？日独豪3カ国の研究者が比較検討し、各国に与えた占領の影響を従来とは異なる視点から問い直したシンポジウムでは、それまで軽視されてきた戦後占領研究の「国際比較」と「私的領域」に焦点を当て、日独豪3カ国の発表者によるリレー報告を行った。コロナ禍においてズーム形式の利点を活かし、ヨーロッパ、北米、南半球からの研究者を迎え、限られた時間であったが、2021年度に予定されていたもののコロナ禍で2022年度に延期されたDFG（ドイツ学術研究振興財団）ワークショップに繋げる契機となった。https://dept.sophia.ac.jp/is/amecana/lecturemeeting/201120-occupied-spaces/.

3 https://dept.sophia.ac.jp/is/amecana/lecturemeeting/220920_senryo/.

4 James Dobbins, John McGinn, Keith Crane et. al., eds., *America's Role in Nation-Building: From Germany to Iraq* (Santa Monica: RAND Corporation, 2003); Thomas W. Maulucci, "Comparing the American Occupations of Germany and Iraq," *Yale Journal of International Affairs* 3, no.1 (2008): 120-130.

5 "Besetzte Räume: Eine vergleichende historische Analyse transnationaler Begegnungen in privaten Bereichen im besetzten Japan und (West) Deutschland 1945-1955," Deutsche Forschungsgemeinschaft (BL 1691/2-1), 2020-2022.

6 "Re-centering Australian Contributions to the Occupation of Post-WWII Japan," Australia-Japan Foundation AJF Grant, 2022-23: Education and Australian studies 2023年4月－2024年3月。

7 今後、研究を遂行するに当たり、調査協力者の同意を必要とし、個人情報の取扱いの配慮が必要となる。特に聞き取り調査を通して人々の声を録音したものを一次史料として用いる場合、調査協力者となる者の人権保護は重要である。上智大学の規程等の関連ガイドライン、すなわち上智大学学術研究倫理に関するガイドライン、上智大学「人を対象とする研究」に関する倫理委員会によるガイドラインに基づき、必要に応じて同委員会の審査を受け、ドイツ研究振興会（DFG）の支援を受けた国際共同研究関連のインタビューに関しては、メンバーの一人であるデ・マトス氏が所属するノートルダム大学の学術研究倫理に関するガイドライン、並びに同大学倫理委員会規定に基づくものとする。具体的には、まず調査に先立ち、調査協力者に、当該の聞き取り及び録音が歴史学研究のためである旨を「依頼書」として文書化した上で、同意を得る。その際に調査目的・手順・データ管理の方法・協力者が留保する権利を同文書内で明記する。次に、調査開始時に改めて口頭で上記の事項を説明し、協力者が同意を取り

消したい場合には、聞き取り調査を行わない。また調査終了時に同意を取り消す場合には、その場で録音データやノートを破棄する。調査終了時には、データの使用方法について、学会発表、論文及び書籍執筆を目的とする旨の文書で承諾を得てトランスクリプトの共有についても確認する。場合によっては、匿名化することで掲載許可を取ることも含まれるだろう。

文献一覧

主要一次文献

- 『朝日新聞』1951-1984. 1951年9月25日朝刊、1968年5月14日朝刊、1969年朝刊、1970年5月20日朝刊、1973年6月13日朝刊、1974年1月27日朝刊、1977年3月2日朝刊、1978年4月12日朝刊、1978年9月23日朝刊、1978年10月13日朝刊、1978年10月24日朝刊、1978年11月26日朝刊、1978年12月27日朝刊、1984年8月12日朝刊。
- 「アメリカ新商品紹介」『工藝ニュース』第15巻 第10号（1947年）9-12頁。
- 新居格「民主主義と建築文化」『建築文化』第2号（1946年）2-6頁。
- 有吉みち子「『キャンプ・ハカタ』のハウスメイドとして」『福岡 女たちの戦後 = Fukuoka Women's History』第2号（2017年）44-54頁。
- 安藤栄雄「芦屋基地　あるハウスボーイの経験」『福岡 女たちの戦後 = Fukuoka Women's History』第2号（2017年）55-61頁。
- 入間市内の文化遺産をいかす会『平成28年度入間市市民提案型協働事業——あのころ入間にはアメリカがあった』（2017年）。
- 上田次郎『進駐軍家族住宅図譜』（技報堂、1950年）。
- 内田繁「内田繁インタビュー」仙田満編著『こどもと住まい——50人の建築家の原風景』下巻、（住まいの図書館出版局、1990年）79-90頁。
- 「女の職業学校訪問」『女性ライフ』第2巻 第12号（1947年）1-3頁。
- 加藤竜吾『改訂新版　光が丘学』（東京都立光丘高等学校、2004年）。
- 金井静二「戸山住宅について」『工藝ニュース』第17巻 第6号（1949年）2-3頁、7頁。
- 川名完次「新しい女中<ruby>女中<rt>メイド</rt></ruby>さん學」『婦人画報』第33巻 第4号（1949年）48-49頁。
- 工藝指導所工作部「量産家具の研究——実験生産『米軍オフィサークラブのための家具』について」『工藝ニュース』第15巻 第3号（1947年）1-6頁。
- 小坂秀雄「敗戦から都市再建へ」『建築文化』第1号（1946年）10-13頁。
- 今和次郎「新住居建設への前提条件」『建築文化』第1号（1946年）2-5頁。
- 商工省工藝指導所編『デペンデントハウス——連合軍家族用住宅集區』（英文名

Dependents Housing: Japan & Korea) (技術資料刊行會、1948年)。
・ 占領軍調達史編さん委員会編『占領軍調達史——占領軍調達の基調』［第1］（調達庁総務部調査課、1956年）。
・ 占領軍調達史編さん委員会編『占領軍調達史——部門編 芸能・需品・管材編』［第3］第1巻（調達庁総務部総務課、1959年）。
・ 占領軍調達史編さん委員会編『占領軍調達史——部門編 役務（サービス）』［第3］第2巻（調達庁総務部総務課、1959年）。
・ 占領軍調達史編さん委員会編『占領軍調達史——部門編 工事』［第3］第3巻（調達庁総務部総務課、1959年）。
・ 占領軍調達史編さん委員会編『占領軍調達史——統計篇　占領経費に関する統計』［第2］（調達庁総務部調査課、1955年）。
・『草月人』創刊号（1949年）、第2巻 第3号（1950年）。
・ 田邊泰「日本人の住宅観」『建築文化』第2号（1946年）7-13頁。
・ 東京都総務局調査課編『東京都下における旧軍用地並に旧軍用建物調査』（東京都、1948年）。
・ 東武鉄道年史編纂事務局編『東武鉄道65年史』（東武鉄道、1964年）。
・ 東武鉄道社史編纂室編『東武鉄道100年史』（東武鉄道、1998年）。
・「特集人気職業入門案内——ここに貴女の生きる道がある」『女性の友』第2巻第3号（1949年）、37-44頁。
・ 豊口克平、小池岩太郎監修『インダストリアルデザイン第2（家庭用品とパッケージデザイン）』（技報堂、1959年）。
・ 豊口克平「進駐軍家族用住宅家具の設計に就て」『工藝ニュース』第14巻 第2号（1946年）8-15頁。
・ 豊口克平「復興住宅家具セットの一提案——設計者の意図」『工藝ニュース』第15巻 第7号（1947年）6-7頁。
・ 豊口克平「デザインという用語はいつから」『デザイン学研究』第42号（1983年）204頁。
・ 豊口克平「形而工房から」『豊口克平とデザインの半世紀』（美術出版社、1987年）162頁。
・ 豊口克平「終戦直後のデザイン運動」工芸財団編『日本の近代デザイン運動史——1940年代〜1980年代』（ぺりかん社、1990年）6-8頁。
・ 濤川聲一「連合軍家族住宅用什器について」『工藝ニュース』第15巻 第7号（1947年）29-30頁。
・ 西山夘三「住居空間の用途構成に於ける食寝分離論」『建築学会大会論文集』第25巻（1942年）149-155頁。

- 『日本経済新聞』1976-1987. 1976年1月27日、1976年7月30日、1976年12月19日、1977年4月14日、1977年4月23日、1977年7月7日、1978年3月17日、1978年4月14日、1978年12月1日、1978年12月27日、1982年11月10日、1982年12月2日、1987年9月21日。
- 練馬区歴史資料デジタルアーカイブ https://j-dac.jp/nerimakurekishi/.
- 練馬区史編さん協議会『練馬区史』（東京都練馬区、1957年）。
- 練馬区史編さん協議会編『練馬区独立30周年記念　練馬区史（現勢資料編）』（東京都練馬区、1980年）。
- 練馬区史編さん協議会編『練馬区独立30周年記念　練馬区史（現勢編）』（東京都練馬区、1981年）。
- 練馬区総務部情報公開課編『光が丘今昔』（練馬区総務部情報公開課、1995年）。
- 『光が丘新聞』第732号（2015年7月5日）、第755号（2016年9月5日）。
- 秀島乾「エンコー家具創作へのメモ　戸山ハイツ」『工藝ニュース』第17巻　第6号（1949年）4-7頁。
- 廣山實「戦後の花形職業としての『メイド』について」『あやみや　沖縄市立郷土博物館紀要』第4巻（1996年）1-12頁。
- 普久原朝建「メイドの聞き取り調査まとめ」『あやみや　沖縄市立郷土博物館紀要』第4巻（1996年）20-32頁。
- 『毎日新聞』1969-2017. 1969年9月28日朝刊、1969年10月4日朝刊、1970年11月21日朝刊、1971年8月19日朝刊、1971年10月8日朝刊、1971年12月25日朝刊、1971年12月28日朝刊、1972年5月31日朝刊、1977年11月17日朝刊、1978年11月28日朝刊、1978年12月27日朝刊、1980年11月21日朝刊、1981年7月15日朝刊、1981年12月23日朝刊、1982年5月30日朝刊、1987年9月21日朝刊、1992年1月30日夕刊、2017年10月30日夕刊。
- 正井泰夫「進駐軍と東京」『地図ジャーナル』第159号（2008年）15-19頁。
- 「学ぶところの多い米人家庭の生活――進駐軍のメイドさん　座談会」『主婦と生活』第3巻　第11号（1948年）16-19頁。
- 松田一雄「連合軍家族住宅の厨房と用具」『工藝ニュース』第15巻　第7号（1947年）1-4頁。
- 松田一雄、豊口克平「戸山ハイツを訪ねて」『工藝ニュース』第17巻　6号（1949年）8-9頁。
- 宮城昭美「カーテンにゆれる娘心」『あやみや　沖縄市立郷土博物館紀要』第4巻（1996年）13-19頁。
- 村上志久子「アメリカの家政と日本の家政」『家庭科学』第130号（1949年）29-31頁。
- 村上志久子「アメリカハウスの大掃除」『家庭科学』第130号（1949年）36-37頁。

- 戸田協志郎『光が丘公園の整備事業』（東京都光が丘公園管理事務所、1988年）。
- 山下博史『光が丘公園（東京都建設局公園緑地部監修・東京公園文庫 52）』（東京都公園協会、2014年）。
- 山崎加誉「ワシントンハイツ幼稚園見學記」『家庭科学』第130号（1949年）29-37頁。
- 山田誠、中村四郎、大島久次「成増進駐軍住宅工事の労務解析について」『日本建築學會論文集』第40巻（1950年）69-76頁。
- 山之内光治『私編　光が丘の地歴図集』（2006年）。
- 山之内光治『改訂増補　光が丘の地歴図集』（2007年）。
- 山本武利監修、永井良和編『占領期生活世相誌資料 I ——敗戦と暮らし』（新曜社、2014年）。
- 『読売新聞』2015年3月16日。
- *Stars and Stripes*, 28, 29, 30, 31 August 1945, 4, 5, 17, 21, 24, 26, 27 September, 1945.
- *Saturday Evening Post*, 6 October, 45, 105.

主要二次文献

- 青木深『めぐりあうものたちの群像——戦後日本の米軍基地と音楽 1945-1958』（大月書店、2013年）。
- 青木正夫、江上徹、中園真人、郭栄傑、金澤陽一、村木洋一「台湾における米軍向け戸建て住宅の平面構成と住い方——第1報　序論および建設の概要」『学術講演梗概集（関東）』第1988巻（1988年）25-26頁。
- 秋尾沙戸子『ワシントンハイツ——GHQ が東京に刻んだ戦後』（新潮社、2009年）。
- 秋尾沙戸子『スウィング・ジャパン——日系米軍兵ジミー・アラキと占領の記憶』（新潮社、2012年）。
- 阿部純一郎「リトルアメリカと『常時戦闘体制』の形成——第八軍購買部のPXサービスに注目して」『椙山女学園大学文化情報学部紀要』第18巻（2018年）1-18頁。
- 今村洋一「東京都内の大規模な旧軍用地および旧軍建物の1948年の使用状況」『都市計画報告集』第19巻 第3号（2020年）305-310頁。
- 伊藤潤「白物家電の誕生　20世紀の日本における主要工業製品色の変遷（1）」『芸術工学会誌』第74号（2017年）92-99頁。
- 岩本茂樹『戦後アメリカニゼーションの原風景——「ブロンディ」と投影されたアメリカ像』（ハーベスト社、2002年）。
- 岩本茂樹「アメリカ漫画『ブロンディ』へのまなざし——『夫の家事労働』をめ

ぐって」『慶応義塾大学メディア・コミュニケーション研究所紀要』第58号（2008年）43-53頁。

・上野千鶴子『家族を容れるハコ　家族を超えるハコ』（平凡社、2002年）。

・海老坂武『戦後が若かった頃』（岩波書店、2004年）。

・大島英夫「連合軍宿舎ハウスメイド養成所」『相模原市史ノート』第3号（2006年）29-47頁。

・大場修編著『占領下日本の地方都市　接収された住宅・建築と都市空間』（思文閣出版、2021年）。

・大平晃久「関東地方における米軍基地跡地の記憶と景観」『日本地理学会発表要旨集　2017年度日本地理学会秋季学術大会』
https://doi.org/10.14866/ajg.2017a.0_100080.

・小澤智子「東京都福生市・立川市周辺のアメリカ軍人の居住と『福生新聞』にみる地元の反応」人の移動とアメリカ研究プロジェクト編『エスニック・アメリカを問う＝ Searching Ethnic America「多からなる一つ」への多角的アプローチ』（彩流社、2015年）177-200頁。

・小塩和人「占領された生活空間の記憶と忘却と創造的破壊——米軍ハウスの比較を事例に」『上智大学外国語学部紀要』第58号（2024年）17-47頁。

・小塩和人ほか「第二次大戦後占領生活空間における遭遇——日独比較史的研究の可能性について」『上智大学外国語学部紀要』第55号（2020年）159-179頁。

・柏木博『近代日本の産業デザイン思想』（晶文社、1979年）。

・片野博「連合軍家族向住宅建設に関する調査報告　福岡県春日原ベースの場合（建築計画）」『日本建築学会研究報告. 九州支部. 2, 計画系』第27号（1983年）289-292頁。

・カラザース、スーザン・L（小滝陽訳）『良い占領？——第二次大戦後の日独で米兵は何をしたか』（人文書院、2019年）。

・北川圭子、大垣直明「我が国におけるダイニング・キッチン成立過程に関する研究」『日本建築学会計画系論文集』第576号（2004年）171-177頁。

・近代女性文化史研究会『占領下女性と雑誌』（ドメス出版、2010年）。

・栗原彬・吉見俊哉編『敗戦と占領——1940年代』（岩波書店、2015年）。

・小泉和子編『女中がいた昭和』（河出書房新社、2012年）。

・小泉和子「家具・インテリアにみる近代化　洋風家具と家電製品があふれる現代住宅　これからの日本の家具文化のゆくえ」『すまいろん』第12巻（1989年）58-62頁。

・小泉和子・高藪昭・内田青蔵編『占領軍住宅の記録（上）——日本の生活スタイルの原点となったデペンデントハウス）』（住まいの図書出版局、1999年）。

- 小泉和子・高藪昭・内田青蔵編『占領軍住宅の記録（下）──デペンデントハウスが残した建築・家具・什器』（住まいの図書出版局、1999年）。
- 小泉和子『昭和台所なつかし図鑑』（平凡社、1999年）。
- 小林宣之・玉田浩之編『占領期の都市空間を考える』（水声社、2020年）。
- 坂井博美「労働基準法制定過程にみる戦後初期の『家事使用人』観──労働・家庭・ジェンダー」『ジェンダー研究』第16号（2014年）20-49頁。
- 坂井博美・玉城愛「占領軍家庭のメイド」小泉和子編『女中がいた昭和』（河出書房新社、2012年）126-147頁。
- 佐草智久「米軍統治下沖縄メイド研究──職業の実態と社会的役割を中心に」『日本オーラル・ヒストリー研究』第16号（2020年）127-147頁。
- 佐々木隆爾『占領・復興期の日米関係』（山川出版社、2008年）。
- 笹部建「〈書評論文〉近現代を歴史記述することの困難と可能性」『KG社会学批評 : KG Sociological Review』創刊号（2012年）27-35頁。
- 佐藤洋一「東京都内の米軍接収地に関する都市史的考察　その２　接収地の分布にみる接収の特徴」『学術講演梗概集. F, 都市計画, 建築経済・住宅問題, 建築歴史・意匠』第1992巻（1992年）691-692頁。
- 佐藤洋一、戸沼幸市「占領軍家族向住宅に関する研究──その１　研究の概要およびグラントハイツ住宅地区の空間構成」『学術講演梗概集. F, 都市計画, 建築経済・住宅問題, 建築歴史・意匠』第1993巻（1993年）421-422頁。
- 佐藤竜馬、松田裕多「福生の米軍ハウス　その歴史と影響、そして現在」『建築ジャーナル』第1274号（2018年）32-35頁。
- 思想の科学研究会編『共同研究日本占領』（徳間書店、1972年）。
- 思想の科学研究会編『日本占領研究事典──共同研究』（徳間書店、1978年）。
- 篠原武史、北川哲、篠崎正彦「増改築の部位と改変内容の現況──入間川地区に現存する米軍ハウスの現況に関する研究　その１」『学術講演梗概集（北陸）』第2010巻（2010年）197-198頁。
- 篠原武史、北川哲、篠崎正彦「増改築の部位と改変内容の現況──入間川地区に現存する米軍ハウスの現況に関する研究　その２」『学術講演梗概集（北陸）』第2010巻（2010年）199-200頁。
- 清水美知子『＜女中＞イメージの家庭文化史』（世界思想社、2004年）。
- 杉田米行、マーク・カプリオ編『アメリカの対日占領政策とその影響──日本の政治・社会の転換』（明石書店、2004年）。
- 鈴木成文ほか『「いえ」と「まち」住居集合の論理』（鹿島出版会、1984年）。
- 鈴木成文ほか『「51C」家族を容れるハコの戦後と現在』（平凡社、2004年）。
- 関耕一ほか「東京都内の米軍接収地に関する都市史的考察──その１　米軍接

収地の変遷と施設用途からみた接収の様態」『学術講演梗概集．F，都市計画，建築経済・住宅問題，建築歴史・意匠』第1992巻（1992年）689-690頁。

- 袖井林二郎編『世界史のなかの日本占領　法政大学第8回国際シンポジウム』（法政大学現代法研究所、1985年）。
- 袖井林二郎編『世界史のなかの日本占領――国際シンポジウム』（日本評論社、1985年）。
- 田上健一「米式住宅の再生に関する研究」『日本建築学会九州支部研究報告』第39号（2000年）5-8頁。
- 玉田浩之ほか「京都山科・大津における占領軍家族住宅の分布状況――占領期京都における接収住宅に関する研究　その5」『学術講演梗概集』第2014巻（2014年）533-534頁。
- 長志珠絵『占領期・占領空間と戦争の記憶』（有志舎、2013年）。
- 塚田修一「旧軍用地から工業地域への変容過程――横須賀市追浜地区を事例として」『三田社会学』第25巻（2020年）78-91頁。
- 塚田修一「フィクションとしての米軍基地文化――埼玉県入間市『ジョンソンタウン』を事例として」『文学部紀要社会学・社会情報学』第30号（2020年）101-111頁。
- 塚田修一「米軍基地文化の形成と展開――1970 年代の東京都福生市とその周辺地域を事例として」『慶應義塾大学大学院社会学研究科紀要：社会学・心理学・教育学：人間と社会の探究』第88巻（2019年）19-35頁。
- 塚田修一「『基地の町』の戦後史と表象――在日米軍立川基地とその周辺」『中央大学文学部紀要　社会学・社会情報学』第29号（2019年）137-147頁。
- 塚田修一「1970年代の米軍基地文化に関する一考察――『狭山アメリカ村』を中心に」『三田社会学』第22号（2017年）99-110頁。
- 塚田修一「ポスト高度経済成長期の首都圏団地における社会形成――練馬区光が丘をフィールドとして」『メディア・コミュニケーション　慶応義塾大学メディア・コミュニケーション研究所紀要』第66号（2016年）99-106頁。
- 塚田修一「横須賀の表象と『占領の記憶』――YOKOSUKA・ヨコスカ・よこすか」『年報カルチュラルスタディーズ』第2巻（2014年）131-141頁。
- 辻瑞季、小柏典華、宮越善彦「占領軍家族住宅の配置計画に関する研究――埼玉県入間市ジョンソン基地を対象として」『学術講演梗概集』（2023年）。
- 土屋由香『親米日本の構築――アメリカの対日情報・教育政策と日本占領』（明石書店、2009年）。
- 豊田真穂「アメリカ占領下の日本における人口問題とバースコントロール――マーガレット・サンガーの来日禁止をめぐって」『関西大学人権問題研究室紀要』

第57巻（2009年）1-34頁。

- 豊田真穂「戦後日本のバースコントロール運動とクラレンス・ギャンブル——第5回国際家族計画会議の開催を中心に」『ジェンダー史学』第6巻（2010年）55-70頁。
- 中植渚「観光のパフォーマンスがもたらす新たなリアリティ——埼玉県入間市ジョンソンタウンの事例から」『立教観光学研究紀要』第23号（2021年）43-44頁。
- 西川祐子『古都の占領——生活史からみる京都1945-1952』（平凡社、2017年）。
- 西川祐子「古都の占領——占領期研究序論」『アリーナ』第10号（2010年）143-162頁。
- 能登方恵『グラントハイツ物語』（光が丘新聞社、1991年）。
- 原戸喜代里ほか「占領期京都における接収住宅における研究」『住総研研究論文集』第41巻（2015年）121-132頁。
- 原戸喜代里ほか「京都市の接収住宅の分布状況——占領期京都における接収住宅に関する研究　その2」『学術講演梗概集』第2013巻（2013年）835-836頁。
- 半藤一利編『敗戦国ニッポンの記録——昭和20年〜27年　米国国立公文書館所蔵写真集』（アーカイブス出版、2007年）。
- 藤田悠、田上健一「芦屋町における米式住宅の地域化に関する研究（建築計画）」『日本建築学会九州支部研究報告』第46号（2007年）93-96頁。
- 藤木忠善ほか、前野尭、水沼淑子、田中厚子、志村直愛、金子加奈恵「戦後日本の住宅形式形成過程におけるアメリカ近代住宅の影響」『住宅総合研究財団研究年報』第21巻（1995年）253-264頁。
- 船越正啓ほか、青木正夫、江上徹、中園真人、郭栄傑、金澤陽一、村木洋一「台湾における米軍向け戸建て住宅の平面構成と住い方——第2報　現在の住まい方について」『学術講演梗概集（関東）』第1988巻（1988年）27-28頁。
- 前田昭彦「住宅営団の閉鎖と占領軍家族住宅計画の関連について」『学術講演梗概集　第2001巻（2001年）281-282頁。
- 松浦健治郎、杉浦匡「建物の種類および外観に着目したリノベーションまちづくりに関する研究　埼玉県入間市ジョンソンタウンを事例として」『日本建築学会計画系論文集』第84巻　第758号（2019年）905-912頁。
- 松田武『戦後日本におけるアメリカのソフト・パワー——半永久的依存の起源』（岩波書店、2008年）。
- 御厨貴、小塩和人『忘れられた日米関係——ヘレン・ミアーズの問い』（筑摩書房、1996年）。
- 身崎とめ子「視覚の占領　戦後住空間のジェンダー——CIE/USIS映画　その影響と限界」（博士論文、千葉大学、2014年）。

・武蔵野市「武蔵野ヒストリー　グリーンパーク米軍施設」『季刊むさしの』（2018年）12-13頁。

・村上しほり、大場修、砂本文彦、玉田浩之、角哲、長田城治「占領下日本における部隊配備と占領軍家族住宅の様相」『日本建築学会計画系論文集』第82巻　第739号（2017年）2441-2450頁。

・村上しほり『神戸闇市からの復興――占領下にせめぎあう都市空間』（慶應義塾大学出版会、2018年）。

・矢部直人「埼玉県入間市のジョンソンタウンにおける過去の空中写真を用いた３Ｄ景観モデルの作成」『観光科学研究』第10巻（2017年）93-97頁。

・矢部直人「米軍基地のイメージを活かした住宅地　米軍ハウスが残る埼玉県入間市のジョンソンタウン」『地理』第60巻　第5号（2015年）76-81頁。

・山下博史『光が丘公園』（公益財団法人東京都公園協会、2014年）。

・山本武利編『アメリカへの憧憬』（岩波書店、2009年）。

・山本武利編『占領から戦後へ』（岩波書店、2009年）。

・山本武利編『戦争と平和の境界――1945・8～1946・7』（岩波書店、2009年）。

・山本武利編『占領期文化をひらく――雑誌の諸相』（早稲田大学出版部、2006年）。

・油井大三郎、中村政則、豊下楢彦編『占領改革の国際比較――日本・アジア・ヨーロッパ』（三省堂、1994年）。

・油井大三郎『未完の占領改革――アメリカ知識人と捨てられた日本民主化構想』（増補新装版）（東京大学出版会、2016年）。

・渡辺治「年間テーマ 居住の夢（第3話）　米軍ハウスと創造的なコミュニティが織りなす景観」『建築ジャーナル』1250号（2016年）28-31頁。

・Alvah, Donna. *Unofficial Ambassadors: American Military Families Overseas and the Cold War, 1946-1965.* New York: New York University Press, 2007.

・Alvah, Donna. "U.S. Military Families Abroad in the Post-Cold War Era and the 'New Global Posture.'" In *Over There: Gender and Sexuality in the U.S. Military Empire to the Present.* Edited by Maria Höhn and Seungsook Moon, 149-175. Durham, NC: Duke University Press, 2010.

・Alvah, Donna. "U.S. Military Personnel & Families Abroad: Gender, Sexuality, Race, and Power in the US Military's Relations with Foreign Nations & Local Inhabitants during Wartime." In *Routledge Handbook of War, Gender, & the US Military.* Edited by K. Vuic. New York: Routledge, 2017.

・Baker, Anni P. *American Soldiers Overseas: The Global Military Presence.* Westport, CT: Praeger, 2004.

・Buruma, Ian. *The Wages of Guilt: Memories of War in Germany and Japan.* London:

New York Review of Books, 1994.

- Chang, Kuo-Liang, Shang-Chia Chiou and Jih-Lian Ha. "Performance Evaluation of the Construction of American Military Housing after the War towards Local Government." *Acta Oeconomica* 64, no. 2 (2014): 317-326.
- De Matos, Christine and Rowena Ward, eds. *Gender, Power, and Military Occupations: Asia Pacific and the Middle East since 1945.* New York: Routledge, 2012.
- De Matos, Christine. *Imposing Peace and Prosperity: Australia, Social Justice and Labour Reform in Occupied Japan.* North Melbourne: Australian Scholarly Publishing, 2008.
- De Matos, Christine. "A Very Gendered Occupation: Australian Women as 'Conquerors' and 'Liberators.'" *US-Japan Women's Journal* 33 (2007): 87-107.
- De Matos, Christine. "The Allied Occupation of Japan: An Australian View." *The Asia-Pacific Journal* 3, no. 7 (2005): 1-6.
- Gerson, Joseph and Bruce Birchard, eds. *The Sun Never Sets: Confronting the Network of Foreign US Military Bases.* Boston: South End Press, 1991.
- Hamilton, Walter. *Children of the Occupation: Japan's Untold Story.* Sydney: New-South, 2012.
- Höhn, Maria and Seungsook Moon, eds. *Over There: Gender and Sexuality in the U.S. Military Empire.* Durham, NC: Duke University Press, 2010.
- Jung, Ji Hee. "Seductive Alienation: The American Way of Life Rearticulated in Occupied Japan." *Asian Studies Review* 42, no. 3 (2018): 498-516.
- Kato, Kei. "'It's Not Just the Built Environment': The Performative Nature of the Cultural Landscape in Johnson Town, Japan." MA thesis, Ohio University, 2019.
- Kikuchi, Yuko. "Russel Wright and Japan: Bridging Japonisme and Good Design through Craft." *The Journal of Modern Craft* 1, no. 3 (2008): 357-382.
- Koikari, Mire. *Pedagogy of Democracy: Feminism and the Cold War in the U.S. Occupation of Japan.* Philadelphia: Temple University Press, 2009.
- Kovner, Sarah. *Occupying Power: Sex Workers and Servicemen in Postwar Japan.* Stanford: Stanford University Press, 2012.
- McLelland, Mark J. *Love, Sex, and Democracy in Japan during the American Occupation.* New York: Palgrave Macmillan, 2012.
- Mills, Connor Martin. "Base Towns: Everyday Life in and around the Garrisons of Postwar Japan, 1945-1954." PhD diss., Princeton University, 2020.
- Oshio, Kazuto. "Transcultural Analysis of Building & Forgetting 'Private

Spaces' under Allied Occupation of Japan." In *Asian Studies, The Twelfth International Convention of Asian Scholars.* Amsterdam: Amsterdam University Press, 2022, 523-527.

· Oshio, Kazuto. "From Violence to Invisible Violence: A Post-World War II Globalization of the American Suburb: Response to Kenneth T. Jackson, 'The Road to Hell.'" *Proceedings of the Kyoto American Studies Summer Seminar, August 1 -August3, 2005.* Kyoto: Ritsumeikan University, 2006.

· Perry, John Curtis. "Opinion: Please, Japan, Return the Favor: Occupy Us." *New York Times.* March 4, 1981, Section A-27.

· Schlant, E. and Rimer, J. T., eds. *Legacies and Ambiguities: Postwar Fiction and Culture in West Germany and Japan.* Washington, D. C.: Woodrow Wilson Center Press, 1991.

· Schonberger, Howard B. *Aftermath of War: Americans and the Remaking of Japan, 1945-1952.* Kent: Kent State University Press, 1989.

· Shibata, Masako. *Japan and Germany under the US Occupation: A Comparative Analysis of Post-War Education Reform.* Lanham: Lexington Books, 2008.

· Shibusawa, Naoko. *America's Geisha Ally: Reimagining the Japanese Enemy.* Cambridge, MA: Harvard University Press, 2006.

· Sugita, Yoneyuki. *Pitfall or Panacea: The Irony of U.S. Power in Occupied Japan, 1945-1952.* New York: Routledge, 2003.

· Takemae, Eiji. *Inside GHQ: The Allied Occupation of Japan and Its Legacy.* Translated by Robert Ricketts and Sebastian Swann. London: Continuum, 2002.

· Ward, Robert E. and Yoshikazu Sakamoto, "Introduction." In *Democratizing Japan: The Allied Occupation.* Edited by Robert E. Ward and Yoshikazu Sakamoto. Honolulu: University of Hawaii Press, 1987.

· Yan, Sheng Hua. "Suburbia as Tool of Soft Power Projection: A Case Study of Washington Heights Dependents Housing Area, Tokyo (1946-61) and the Proselytizing of the Garden Suburb for Rebuilding Japan under GHQ." Master's thesis, Harvard Graduate School of Design, 2021.

図表出典一覧

● 序章

【0-1】占領軍扶養家族住宅一覧（1950 年 10 月 1 日現在）

占領軍調達史編さん委員会編『占領軍調達史──部門編 工事』［第 3］第 3 巻（調達庁総務部総務課、1959 年）56-58 頁より作成

【0-2】官給・闇材料比率（1945 年 11 月現在）

占領軍調達史編さん委員会編『占領軍調達史──占領軍調達の基調』［第 1］（調達庁総務部調査課、1956 年）196 頁より作成

【0-3】扶養家族用住宅 9 タイプ

商工省工藝指導所編『デペンデントハウス──連合軍家族用住宅集區』（技術資料刊行會、1948 年）229 頁より作成

【0-4】住宅 A-1・A-2・B-1 型

商工省工藝指導所編『デペンデントハウス──連合軍家族用住宅集區』16 頁

【0-5】住宅 B-1・B-2 型

商工省工藝指導所編『デペンデントハウス──連合軍家族用住宅集區』17 頁

【0-6】住宅 C-1・A-1a・A-2 型

商工省工藝指導所編『デペンデントハウス──連合軍家族用住宅集區』18 頁

【0-7】住宅 B-1・B-2・B-1a・B-2a型

商工省工藝指導所編『デペンデントハウス──連合軍家族用住宅集區』19 頁

● 第 1 章

【1-1】成増地区家族住宅配置図

占領軍調達史編さん委員会編『占領軍調達史──部門編 工事』316 頁

【1-2】グラントハイツ内風景 1 1967 年

練馬わがまち資料館 整理番号：17-0012

【1-3】グラントハイツ内風景 2 1967 年

練馬わがまち資料館 整理番号：17-0017

【1-4】グラントハイツ内風景 3 1967 年

練馬わがまち資料館　整理番号：17-0019

【1-5】グラントハイツ内清掃工場等　1973 年

練馬わがまち資料館　整理番号：17-0381

【1-6】笹目通り（奥はグラントハイツ）1955 年

練馬わがまち資料館　整理番号：23-0834

【1-7】グラント元大統領歓迎式

「上野公園地御臨幸各区花出シ練込之図」東京都公文書館（資料 ID 00372870）

【1-8】成増飛行場の搭乗員と面会の女性　1943 年

練馬わがまち資料館　整理番号：17-0313

【1-9】成増飛行場　1944 年

国土地理院　　C36(8913)-C 2 -398

【1-10】戦闘機の残骸散らばる成増飛行場　1945 年

練馬わがまち資料館　整理番号：17-0118

【1-11】ケーシー線を走る蒸気機関車　1954 年

練馬わがまち資料館　整理番号：25-0395

【1-12】ケーシー線の踏切　1955 年

練馬わがまち資料館　整理番号：25-0241

【1-13】グラントハイツ内風景（取り壊し）1967 年

練馬わがまち資料館　整理番号：17-0002

【1-14】グラントハイツ内風景（取り壊し）1967 年

練馬わがまち資料館　整理番号：17-0003

【1-15】グラントハイツ内風景（取り壊し）1967 年

練馬わがまち資料館　整理番号：17-0004

【1-16】グラントハイツ内風景（取り壊し）1967 年

練馬わがまち資料館　整理番号：17-0005

【1-17】グラントハイツ内風景（取り壊し）1967 年

練馬わがまち資料館　整理番号：17-0006

【1-18】グラントハイツ内風景（取り壊し）1967 年

練馬わがまち資料館　整理番号：17-0009

【1-19】米軍ハウスのリビングとダイニング

占領軍調達史編さん委員会編『デペンデントハウス──連合軍家族用住宅集區』29 頁

【1-20】チョコレートと民主主義

"It Not Only Tastes Good, It's Good for You", *Stars and Stripes*, 21 September 1945, p. 2 .

【1-21】国民学校児童による占領アメリカ兵の印象
山本武利監修、永井良和編『占領期生活世相誌資料Ⅰ　敗戦と暮らし』（新曜社、2014年）200-201頁より作成

●第2章
【2-1】進駐当初における占領軍の構成と配備
占領軍調達史編さん委員会編『占領軍調達史——占領軍調達の基調』20頁より作成
【2-2】米第八軍軍政部系統（1946年2月20日現在）
占領軍調達史編さん委員会編『占領軍調達史——占領軍調達の基調』22頁より作成
【2-3】連合国軍配備（1947年11月現在）
占領軍調達史編さん委員会編『占領軍調達史——占領軍調達の基調』243頁より作成

●第3章
【3-1】第一次大戦後の真珠湾地区に建設された扶養家族用テント住宅
"Historic Context Study of Historic Military Family Housing in Hawaii," Department of Defense Legacy Resource Management Program Project, No. 115, 2003, Chapter 2 -Page 9 .
【3-2】第二次大戦開戦直前の扶養家族用テント住宅
"Historic Context Study of Historic Military Family Housing in Hawaii," Chapter 2 -Page 5 .
【3-3】第二次大戦中のオアフ島における扶養家族用住宅4地区
"Historic Context Study of Historic Military Family Housing in Hawaii," Chapter 3 -Page 1 .
【3-4】第二次大戦中のFort Shafter住宅地区街路
"Historic Context Study of Historic Military Family Housing in Hawaii," Chapter 3 -Page 9 .
【3-5】第二次大戦中のFort Shafter地区一戸建て住宅外観
"Historic Context Study of Historic Military Family Housing in Hawaii," Chapter 3 -Page 23.
【3-6】当初における終戦連絡中央事務局機構（1945年8月26日現在）
占領軍調達史編さん委員会編『占領軍調達史——占領軍調達の基調』101頁より作成

【3-7】第2次改正後の終戦連絡中央事務局機構（1945年10月1日現在）
占領軍調達史編さん委員会編『占領軍調達史——占領軍調達の基調』106頁より作成

【3-8】第3次改正後の終戦連絡中央事務局機構（1946年3月15日現在）
占領軍調達史編さん委員会編『占領軍調達史——占領軍調達の基調』107頁より作成

【3-9】終戦連絡中央事務局機構（1947年6月10日現在）
占領軍調達史編さん委員会編『占領軍調達史——占領軍調達の基調』109頁より作成

【3-10】終連地方事務局及び出張所（1945年12月末現在）
占領軍調達史編さん委員会編『占領軍調達史——占領軍調達の基調』110頁より作成

【3-11】終連地方事務局及び出張所増減（1946年1-12月）
占領軍調達史編さん委員会編『占領軍調達史——占領軍調達の基調』110頁より作成

【3-12】終連地方事務局担当区域（1945年12月14日）
占領軍調達史編さん委員会編『占領軍調達史——占領軍調達の基調』111頁より作成

【3-13】第2次改正による終連地方事務局担当区域（1946年2月16日）
占領軍調達史編さん委員会編『占領軍調達史——占領軍調達の基調』111頁より作成

【3-14】第3次改正による終連地方事務局担当区域（1946年11月6日）
占領軍調達史編さん委員会編『占領軍調達史——占領軍調達の基調』112頁より作成

【3-15】第2次改正後の戦災復興院特別建設部機構（1946年5月15日）
占領軍調達史編さん委員会編『占領軍調達史——占領軍調達の基調』173頁より作成

【3-16】連合国軍施設用資材調達の主務庁区分（1946年9月23日現在）
占領軍調達史編さん委員会編『占領軍調達史——占領軍調達の基調』201頁より作成

【3-17】戦災復興院特別建設局機構（1946年11月14日現在）
占領軍調達史編さん委員会編『占領軍調達史——占領軍調達の基調』202頁より作成

【3-18】戦災復興院特別建設局機構（1947年9月改正）
占領軍調達史編さん委員会編『占領軍調達史——占領軍調達の基調』202頁より

作成

【3-19】連合国軍用宿舎建設予定地

占領軍調達史編さん委員会編『占領軍調達史——占領軍調達の基調』168 頁より作成

●第 4 章

【4-1】全国の主要米軍ハウス

「人の移動とアメリカ」研究プロジェクト編『エスニック・アメリカを問う』(彩流社、2015 年) 178-179 頁、レトロハウス愛好会編『米軍ハウス日和』(ミリオン出版、2012 年) 140 頁より作成

●第 5 章

【5-1】"Army Wife Explains American Styles to Japanese Servant Cook"

"Saving American Military Families: Japanese Maids as Cultural Messages," National Archives (SC-281866) https://exhibitions.lib.umd.edu/crossing-the-divide/home-life/japanese-maids

【5-2】グラントハイツのいけ花教室

『草月人』第 2 巻 第 3 号 (1950 年 3 月) 口絵

【5-3】グラントハイツ内将校クラブにて　1967 年

練馬わがまち資料館　整理番号：17-0112

【5-4】グラントハイツ将校クラブ婦人会 (白百合作業所) 1969 年

練馬わがまち資料館　整理番号：17-0256

【5-5】グラントハイツの自衛隊消防訓練　1967 年

練馬わがまち資料館　整理番号：17-0026

●第 6 章

【6-1】グラントハイツ　1953 年

練馬わがまち資料館　整理番号：17-0405

【6-2】関東地方の占領軍家族向住宅地区類型

佐藤洋一、戸沼幸市「占領軍家族向住宅に関する研究　その 1　研究の概要およびグラントハイツ住宅地区の空間構成」日本建築学会編『学術講演梗概集　F 都市計画、建築経済・住宅問題、建築歴史・意匠』第 1993 巻 (1993 年 7 月) 421 頁より作成

【6-3】成増飛行場　1944 年

国土地理院　　C36(8913)-C 2 -399

【6-4】成増地区占領軍家族住宅工期別一覧表（戸数）

　　占領軍調達史編さん委員会編『占領軍調達史——部門編 工事』315頁より作成

【6-5】成増地区占領軍家族住宅地区の公共建築物

　　占領軍調達史編さん委員会編『占領軍調達史——部門編 工事』313-14頁より作成

【6-6】グラントハイツ　1949年

　　国土地理院　　USA-R585-No 2 - 1

【6-7】住戸配置とブロック構成

　　占領軍調達史編さん委員会編『デペンデントハウス——連合軍家族用住宅集區』
　　229頁

● 終章

【8-1】1997-1999年度アメリカ・カナダ研究所占領研究活動記録

※本書の刊行にあたっては、上智大学個人研究成果発信奨励費（2023 年度）より
　支給を受けた。

著者略歴

小塩和人（おしお　かずと）

1958年　東京生まれ
1982年　筑波大学人文学類卒業
1992年　カリフォルニア大学大学院修了（UCSB, Ph.D.）
　　　　日本女子大学文学部教授を経て、
現　在　上智大学外国語学部教授

［主著］
『水の環境史』（玉川大学出版部、2003年）
『アメリカ環境史』（上智大学出版、2014年）

［上智大学アメリカ・カナダ研究叢書］
忘れられた米軍ハウス

2024年3月12日　第1版第1刷発行

著　者：小　塩　和　人

発行者：アガスティン　サリ

発　行：Sophia University Press
　　　　上　智　大　学　出　版
　　　　〒102-8554　東京都千代田区紀尾井町7-1
　　　　URL：https://www.sophia.ac.jp/

制作・発売　㈱ぎょうせい
〒136-8575　東京都江東区新木場1-18-11
URL：https://gyosei.jp
フリーコール　0120-953-431
〈検印省略〉

© Kazuto Oshio, 2024
Printed in Japan
印刷・製本　ぎょうせいデジタル㈱
ISBN978-4-324-11373-8
（5300338-00-000）
［略号：（上智）米軍ハウス］

Sophia University Press

　上智大学は、その基本理念の一つとして、
「本学は、その特色を活かして、キリスト教とその文化を
研究する機会を提供する。これと同時に、思想の多様性を
認め、各種の思想の学問的研究を奨励する」と謳っている。
　大学は、この学問的成果を学術書として発表する「独自
の場」を保有することが望まれる。どのような学問的成果
を世に発信しうるかは、その大学の学問的水準・評価と深
く関わりを持つ。
　上智大学は、(1) 高度な水準にある学術書、(2) キリス
ト教ヒューマニズムに関連する優れた作品、(3) 啓蒙的問
題提起の書、(4) 学問研究への導入となる特色ある教科書
等、個人の研究のみならず、共同の研究成果を刊行するこ
とによって、文化の創造に寄与し、大学の発展とその歴史
に貢献する。

Sophia University Press

One of the fundamental ideals of Sophia University is "to embody the university's special characteristics by offering opportunities to study Christianity and Christian culture. At the same time, recognizing the diversity of thought, the university encourages academic research on a wide variety of world views."

The Sophia University Press was established to provide an independent base for the publication of scholarly research. The publications of our press are a guide to the level of research at Sophia, and one of the factors in the public evaluation of our activities.

Sophia University Press publishes books that (1) meet high academic standards; (2) are related to our university's founding spirit of Christian humanism; (3) are on important issues of interest to a broad general public; and (4) textbooks and introductions to the various academic disciplines. We publish works by individual scholars as well as the results of collaborative research projects that contribute to general cultural development and the advancement of the university.

Forgotten US Dependent Housing

© Kazuto Oshio, 2024
published by
Sophia University Press

production & sales agency : GYOSEI Corporation, Tokyo
ISBN 978-4-324-11373-8
order : https://gyosei.jp